Dieses Buch ist Sara, Elizabeth, Malcolm und Connor, Katelyn und Yifu gewidmet, sowie vielen Kindern mehr, die mit einer Verbindung nach China auf die Welt gekommen sind.

AF639555

Chinas Geschichte im Comic - China durch seine Geschichte verstehen - Band 3: Barbareninvasionen und die Geburtsstunde der chinesischen Identität - Von den Fünf Dynastien und Zehn Reichen bis zur Yuan-Dynastie (907 - 1368)
画说中国史 – 第三册: 外患下的自省：五代十国 – 元朝 (907年 – 1368年)
Understanding China through Comics - Volume 3: Barbarians and the Birth of Chinese Identity: The Five Dynasties and Ten Kingdoms to the Yuan Dynastie (907 - 1368)
Illustration and original text copyright © 2017 by Jing Liu 刘京 (author of both texts and images)
Chinese (simplified characters) translation copyright © 2017 by Jing Liu 刘京
German translation copyright © 2017 by Chinabooks.ch
This translation published by arrangement with the author Jing Liu (fb.me/UnderstandingChinaComics) and Chung Hwa Book Co., (H.K.) Ltd.
All rights reserved

Autor: Jing Liu 刘京
Übersetzung aus dem Chinesischen und Englischen: Elisabeth Wolf

Verlag der deutschsprachigen Ausgabe:
Chinabooks E. Wolf und E. Wu, Bühlstrasse 6, CH-8142 Uitikon-Waldegg
www.chinabooks.ch / www.manhua.ch / www.facebook.com/chinabooks.ch
Tel. 0041 (0)43 540 40 77 / 0041 (0)76 518 45 26 Fax 0041 (0)71 787 20 89
bestellen@chinabooks.ch
Vertrieb an den deutschen Buchhandel:
GVA Gemeinsame Verlagsauslieferung Göttingen GmbH & Co. KG
www.gva-verlage.de / Tel. +49 (0) 551 384200 -0 Fax. +49 (0) 551 384200 -10
Postfach 2021, D-37010 Göttingen
Vertrieb an den deutschen Comicfachhandel:
Comic Base Berlin
www.comic-base-berlin.de / Tel. +49 (0) 30 / 6 94 38 55
Baruther Str. 10, D-10961 Berlin

PPM Peter Poluda Medienvertrieb e.K.
www.ppm-vertrieb.de / Tel. +49 - 5265 - 9 55 88 55
Industriestraße 18, D-32694 Dörentrup
Vertrieb an den österreichischen Buchhandel:
Mohr Morawa Buchvertrieb GmbH
Sulzengasse 2, A-1230 Wien
Mail: momo@mohrmorawa.at / Telefon: +43 (1) 680 14-0 / Fax: +43 (1) 688 71 30

Erstauflage April 2019
Printed in Czech Republic

ISBN: 978-3-905816-80-8

Chinas Geschichte im Comic -
China durch seine Geschichte verstehen
Band 3:

Barbareninvasionen und die Geburtsstunde der chinesischen Identität

Von den Fünf Dynastien und Zehn Reichen
bis zur Yuan-Dynastie
(907 – 1368)

Jing Liu

华瑞图书网
chinabooks.ch

Inhaltsverzeichnis

Zeittafel

907 n. Chr. — Untergang der Tang-Dynastie, Beginn der Zeit der Fünf Dynastien und Zehn Reiche. Der Stamm der Khitan (Qidan) vereint die umliegenden Stämme unter seiner Führun und errichtet die Liao-Dynastie.

960 n. Chr. — Zeit der Fünf Dynastien und Zehn Reiche endet, Gründung der Song-Dynastie.

1038 n. Chr. — Stämme der Tanguten (Dangxiang) gründen die Westliche Xin-Dynastie.

1069 n. Chr. — Wang Anshi erlässt seine Gesetzesreformen.

1081 n. Chr. — Die Song-Dynastie startet eine Invasion der Xia-Dynastie.

1115 n. Chr. — Stämme der Jurchen (Nüzhen) errichten die Jin-Dynastie.

1125 n. Chr. — Die Jin-Dynastie vernichtet die Liao-Dynastie.

1127 n. Chr. — Das Kaiserhaus der Song verlegt seinen Sitz in den Süden.
Beginn der Zeitepoche der Südlichen Song.

1141 n. Chr. — Die Dynastien der Jin und der Südlichen Song unterzeichnen den Vertrag von Shaoxing.

1200 n. Chr. — Zhu Xi, ein neokonfuzianischer Philosoph, stirbt.

1206 n. Chr. — Temüdschin (Tiemuzhen) nimmt den Titel Dschingis Khan an, nachdem er die mongo schen Stämme geeint hat.

1211 n. Chr. — In der Schlacht am Dachsmund besiegen die Mongolen die Jin-Dynastie.

1227 n. Chr. — Die Mongolen vernichten die Westliche Xia-Dynastie.

1234 n. Chr. — Die Mongolen vernichten die Jin-Dynastie.

1257 n. Chr. — Erneuter Angriff der Mongolen auf die Südliche Song-Dynastie, der schliesslich in de vollständigen Eroberung endet.

1271 n. Chr. — Ausrufung der Yuan-Dynastie durch Kublai Khan.

1279 n. Chr. — Entscheidungsschlacht von Yamen, die Yuan-Dynastie vernichtet die Südliche Song-Dynastie.

1281 n. Chr. — Die Yuan-Dynastie startet einen Invasionsversuch Japans.

1294 n. Chr. — Kublai Khan stirbt.

1295 n. Chr. — Marco Polo kehrt nach Venedig zurück.

1351 n. Chr. — Ausbruch von gegen die Yuan-Dynastie gerichteten Rebellionen.

orwort

e Gründe dafür, dass sich Diskussionen über das gegenwärtige China oft auf wirtschaftliche Bereiche nzentrieren, sind sehr offenkundig: innerhalb von nur 30 Jahren hat das einst bitterarme, wirtschaftlich ie technologisch rückständige Land den Sprung zur zweitgrössten Wirtschaft der Welt geschafft, 600 illionen Menschen konnten dadurch der Armut entrinnen. Die Wirtschaftskraft der chinesischen Mittel-hicht gleicht sich immer mehr dem Niveau entwickelter Länder an.

ie Wirtschaftsentwicklung in China erregt weltweites Aufsehen, bei neugierigen Lesern könnten viele agen aufkommen, darunter wäre eine Frage, wie China sich bis zum heutigen Tag entwickelt hat? bwohl es auf diese Frage keine einfache Antworten gibt, schlage ich vor, dass ein Verständnis des eutigen Chinas sich aus dem Verständnis von Chinas Vergangenheit ergibt.
ie Geschichte gleicht einem zusammenhängenden Band, die Ursachen für die heutige Situation lassen ch auf gestern, vorgestern, letztes Jahr, vorletztes Jahr ... und immer weiter zurückverfolgen, je weiter an in der Zeit zurückgeht, desto klarer wird das Gesamtbild. Ausserdem blickt China auf eine lange nd alte Geschichte zurück, das Land verfügt über eine vielfältige Anzahl historischer Dokumente, wie ll es möglich sein, diese Informationsflut auf klare und leicht verständliche Weise darzustellen?

ie Reihe *Chinas Geschichte im Comic* versucht mittels einfacher Bilder, prägnanter Texte und unter nem rationalen Blickwinkel die grossen Entwicklungslinien der chinesischen Geschichte zu skizzie-n. Durch diese Entwicklungslinien können die Leser Gebiete und Aspekte wie Geographie, Klima, irtschaft, Philosophie, Persönlichkeiten und Ereignisse zu einer Linie verbinden und dann mittels des ickwinkels moderner Menschen in den grossen Entwicklungslinien wiederholt auftauchende Tendenzen nd hintergründige logische Zusammenhänge erkennen. Nur wenn wir auf diese Weise den eigenen ickwinkel erweitern, kann es uns gelingen, ein Verständnis für die zeitgeschichtlichen Hintergründe und e Herausforderungen, mit denen die Zeitgenossen in jeder geschichtlichen Periode konfrontiert waren, erhalten, sowie die Konsequenzen und Resultate geschichtlicher Entwicklungen zu sehen, die den amaligen Zeitgenossen nicht ersichtlich waren, sowie Bedeutungen zu erkennen, die den damaligen eitgenossen verschlossen blieben.

/ie ist es gekommen, dass sich China zum gegenwärtigen Zustand hin entwickelt hat?
uf diese Frage gibt es keine einfachen Antworten, aber durch das Studium der Geschichte können die eser erkennen, dass unter den geographischen und geschichtlichen Voraussetzungen Chinas sich die inesische Kultur und Zivilisation über lange Zeiträume hinweg akkumuliert und herausgebildet hat, nd dass dies die Lebensumstände und Denkweisen der Chinesen geformt hat, und dies wiederum den ntwicklungsweg Chinas beeinflusst hat.
h hoffe, dass die Leser dieses Buch als Ausgangspunkt nehmen werden, um sich auf noch mehr Wege er Erforschung zu begeben, die Welt um uns herum noch gründlicher zu verstehen, die Bedeutung eines den Ereignisses zu sehen. Doch schliesslich liegt die Motivation zum Streben nach Wissen in jedem von ns selbst.

ng Liu
eijing im Jahr 2017

Was bisher in *Chinas Geschichte im Comic* geschah:

Band 1
Die Fundamente der chinesischen Zivilisation:
Vom Gelben Kaiser bis zur Han-Dynastie
(circa 2697 v. Chr. – 220 n. Chr.)

Band 2
Von der Epoche der langen Spaltung
bis ins goldene Zeitalter:
Von den Drei Reichen bis zur Tang-Dynastie
(220 – 907)

Eine gute Gesellschaft beginnt mit guten Menschen. Damit sich Menschen zum Guten entwickeln, müssen sie dazu inspiriert, nicht dazu gezwungen werden. Die Herrschenden müssen dies beherzigen.
孔子 Kongzi
(Konfuzius)

Der Konfuzianismus stellt eine naheliegende Wahl für eine Staatsideologie dar.
Er lehrt die Untertanen, wie man sich verhalten soll, und dient zur Ausbildung brauchbarer Beamte für die Arbeit in der Regierung.

Aber die Beamten im Umfeld des Kaisers missbrauchen oft ihre Stellung und Macht, bereicheren sich durch Korruption und lassen die Bevölkerung unter ihnen leiden.
Nieder mit der Dynastie!

Mit dem wechselweise auftretenden Aufstieg und Fall von Dynastien begann sich ein Muster herauszubilden, das sich während der gesamten chinesischen Geschichte immer wieder wiederholen würde: Eine Herrscherdynastie etablierte sich und prosperierte, trat dann aber in eine Phase des Zerfalls ein, und brach schliesslich zusammen.
Manchmal gelang es einer neuen Dynastie sehr rasch, China zu vereinigen, manchmal schlitterte das Land aber in längerwährende Unruhen und territorale Spaltungen.
Nach dem Untergang der Han-Dynastie im Jahr 220 n. Chr. trat China in eine annähernd 400 Jahre andauernde Phase territorialer Zerstückelung ein, dem Zeitalter der langen Spaltung.

Während des Zeitalters der langen Spaltung erfuhren etliche Millionen Menschen aus der einfachen Bevölkerung durch die Kriegswirren bedingtes unermessliches Leid.
Kriege
hohe Steuern
Einzug in den Militärdienst
Zwangs-arbeit
In diesen Zeiten allgegenwärtigen Leidens versprach eine Religion aus dem fernen Indien mit dem Namen Buddhismus der einfachen Bevölkerung einen Ausweg aus dem Leiden, der sich von traditionellen chinesischen Lösungsansetzen radikal unterschied.

Warum gibt es so viel Leid in der Welt?
Konfuzianismus
Wir werden eine gute Regierung errichten, um das Leiden zu beenden.
Daoismus
Leiden ist ein unausweichlicher Teil der menschlichen Existenz, lasst uns dies gelassen akzeptieren und lernen wir damit zu leben.
Buddhismus
Leiden ist ein Teil des menschlichen Lebens, aber man kann sich davon freimachen!
Begierde ist der Ursprung allen Leidens. Deshalb soll man seinen Körper und seinen Geist spirituell formen, um Begierden zu entsagen und sich dadurch vom Leiden zu befreien.

Tang
Die Sui-Dynastie (581 – 618 n. Chr.) führte eine Wiedervereinigung des lange gespaltenen Chinas herbei, wurde aber selbst bald durch die länger währende Tang-Dynastie (628 – 907 n. Chr.) abgelöst.
Die Tang-Dynastie zeichnet sich unter allen anderen chinesischen Dynastien dadurch aus, dass sie zur damaligen Zeit die unbestrittene Weltmacht Nummer 1 war.

Im Jahr 742 n. Chr. rekrutierte die Tang-Dynastie 500'000 Soldaten zur Bildung eines stehenden Heeres, daraus wurde die erste Berufsarmee in der chinesischen Geschichte.
Aber die rekrutierten Soldaten sind gegenüber den Provinzgouverneuren loyal, nicht gegenüber dem Staate. Jetzt haben die Provinzgouverneure die militärische Gewalt in ihren Händen, wenn sie rebellieren, was soll dann die Regierung ihnen entgegensetzen?
Kaiser Xuanzong

Der Gouverneur An Lushan brach im Jahr 755 eine Rebellion vom Zaun, um die Tang-Regierung zu stürzen.

Die Rebellion von An Lushan veränderte die politischen Strukturen der Tang-Dynastie, denn die Rebellion konnte zwar mit der Unterstützung anderer Tang-Gouverneure niedergeschlagen werden, jedoch setzten diese Gouverneure ihre neuerlangte Macht und ihren Einfluss dazu ein, noch mehr Autonomie von der Zentralregierung zu erlangen. Die Tang-Dynastie blieb für die nächsten 100 Jahre dezentralisiert und in regionale separatistische Regime zersplittert.

Als die Rebellion von Huang Chao im Jahre 874 ausbrach, war das Land in sich bereits zu gespalten, um die Ordnung noch wiederherstellen zu können. Die Rebellion dauerte 10 Jahre an und löschte die gesamte chinesische Aristokratie aus, welche die Grundlage für die Herrscherklasse der Tang-Dynastie gebildet hatte. Die Tage der Tang-Dynastie waren zu diesem Zeitpunkt bereits gezählt.

Im Jahr 907 setzte ein General die Tang ab und etablierte die Liang-Dynastie, jedoch besass er nicht die Macht, ganz China zu vereinigen, viele der ehemaligen Tang-Gouverneure herschten weiterhin unabhängig in den von ihnen kontrollierten Gebieten.

Mächtige Kriegsherren rangen um die Herrschaft in Nordchina und errichteten dabei fünf aufeinander folgende Dynastien. Zusätzlich etablierte sich eine Vielzahl kleinerer Länder, die zumeist im Süden gelegen waren. In der Geschichtsschreibung wird dieser Zeitabschnitt als die Zeit der Fünf Dynastien und Zehn Reiche bezeichnet.

Chinas Geschichte im Comic

Band 3

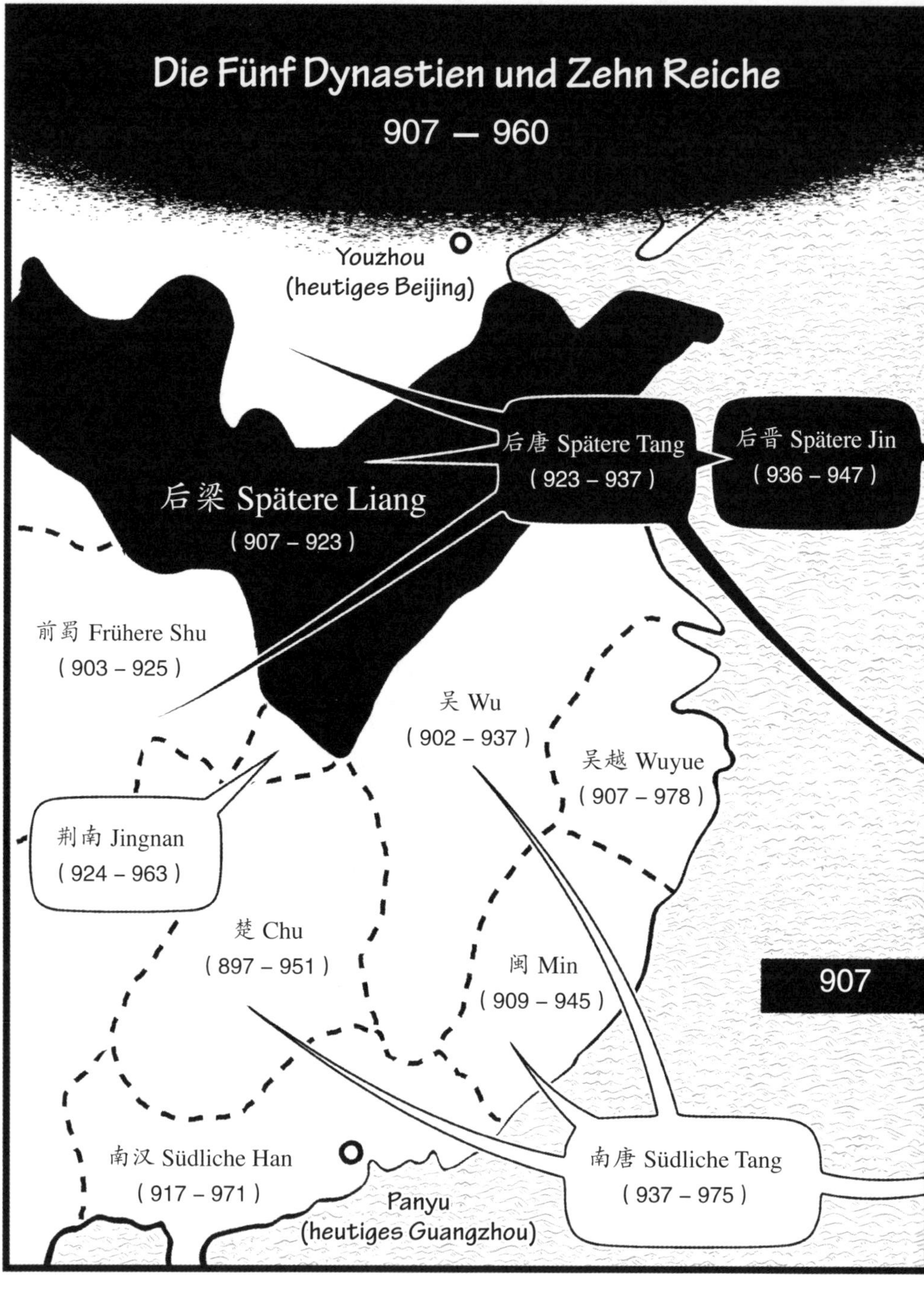
Die Fünf Dynastien und Zehn Reiche
907 – 960
Youzhou
(heutiges Beijing)
后唐 Spätere Tang
(923 – 937)
后晋 Spätere Jin
(936 – 947)
后梁 Spätere Liang
(907 – 923)
前蜀 Frühere Shu
(903 – 925)
吴 Wu
(902 – 937)
吴越 Wuyue
(907 – 978)
荆南 Jingnan
(924 – 963)
楚 Chu
(897 – 951)
闽 Min
(909 – 945)
907
南汉 Südliche Han
(917 – 971)
Panyu
(heutiges Guangzhou)
南唐 Südliche Tang
(937 – 975)

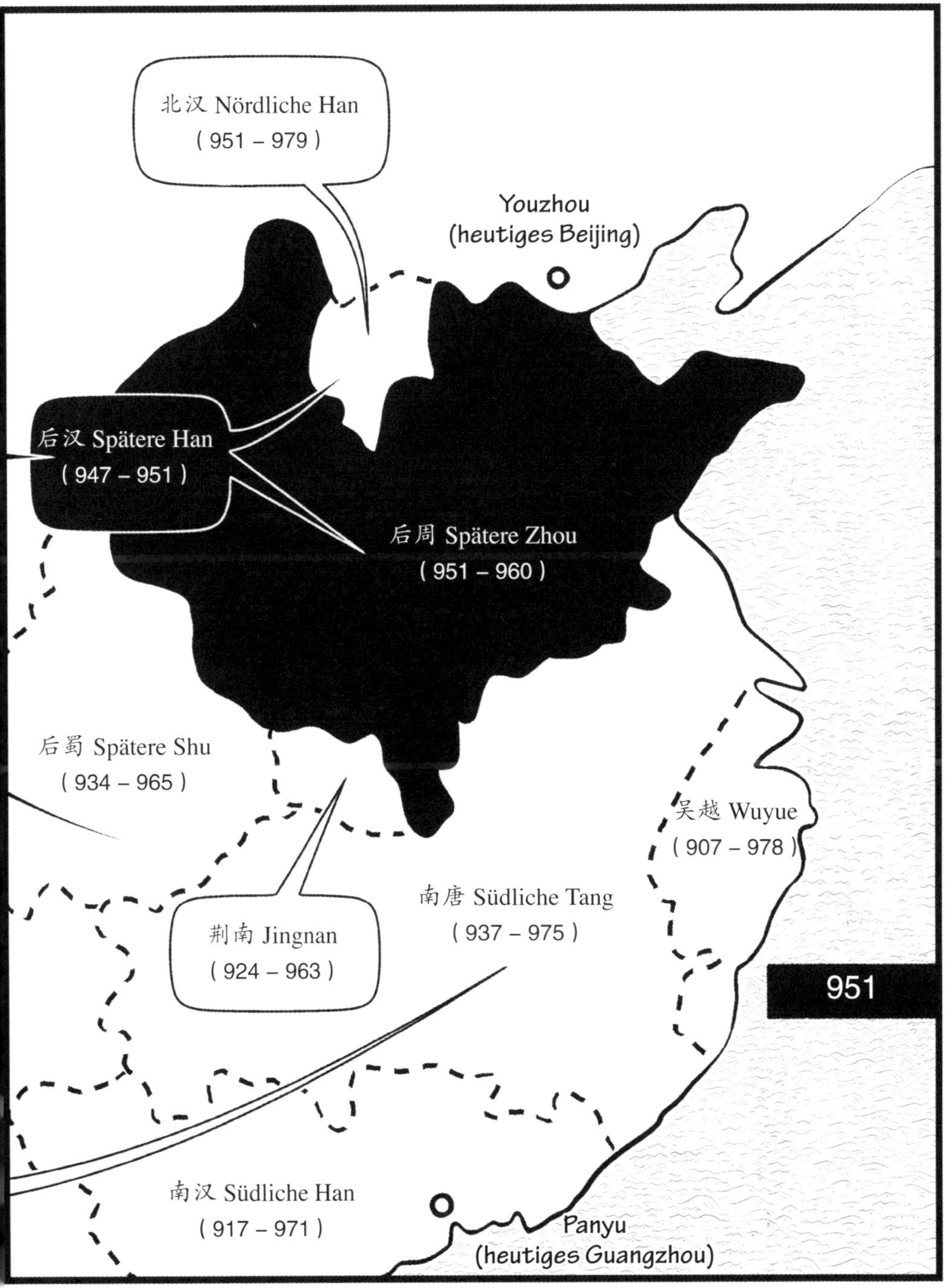
北汉 Nördliche Han
(951 – 979)
Youzhou
(heutiges Beijing)
后汉 Spätere Han
(947 – 951)
后周 Spätere Zhou
(951 – 960)
后蜀 Spätere Shu
(934 – 965)
吴越 Wuyue
(907 – 978)
南唐 Südliche Tang
(937 – 975)
荆南 Jingnan
(924 – 963)
951
南汉 Südliche Han
(917 – 971)
Panyu
(heutiges Guangzhou)

Während der Zeit der Fünf Dynastien und Zehn Reiche wurden die Länder von Kriegsfürsten, d.h. Militärmachthabern, regiert, die stets darauf erpicht waren, ihre Rivalen in Kämpfe zu verwickeln. Armeegeneräle waren dazu bereit, ihre Armeen an jeden zu verkaufen, der genügend Geld dafür bot.

Um ihren Opponenten einen vernichtenden Schlag zu versetzen, scheuten verschiedene Kriegsparteien nicht davor zurück, Staudämme des Gelben Flusses zu brechen, damit verfeindete Staaten von Wassermassen überschwemmt wurden. Dies führte innerhalb von 53 Jahren zu 24 Überschwemmungen.

Der Vorstoss der Khitan über die Chinesische Mauer nach Süden

Mehrere bedrängte Staaten suchten militärische Unterstützung bei einem Königreich der Khitan (Qidan), welches auch als die Liao-Dynastie bezeichnet wird (907 – 1125).

Die Khitan stammten von einem Zweigstamm der in Nordostasien siedelnden Xianbei ab. Sie wurden zu einem bestimmenden Machtfaktor durch den Zusammenschluss mehrerer ihrer Stammesverbände im Jahre 907.

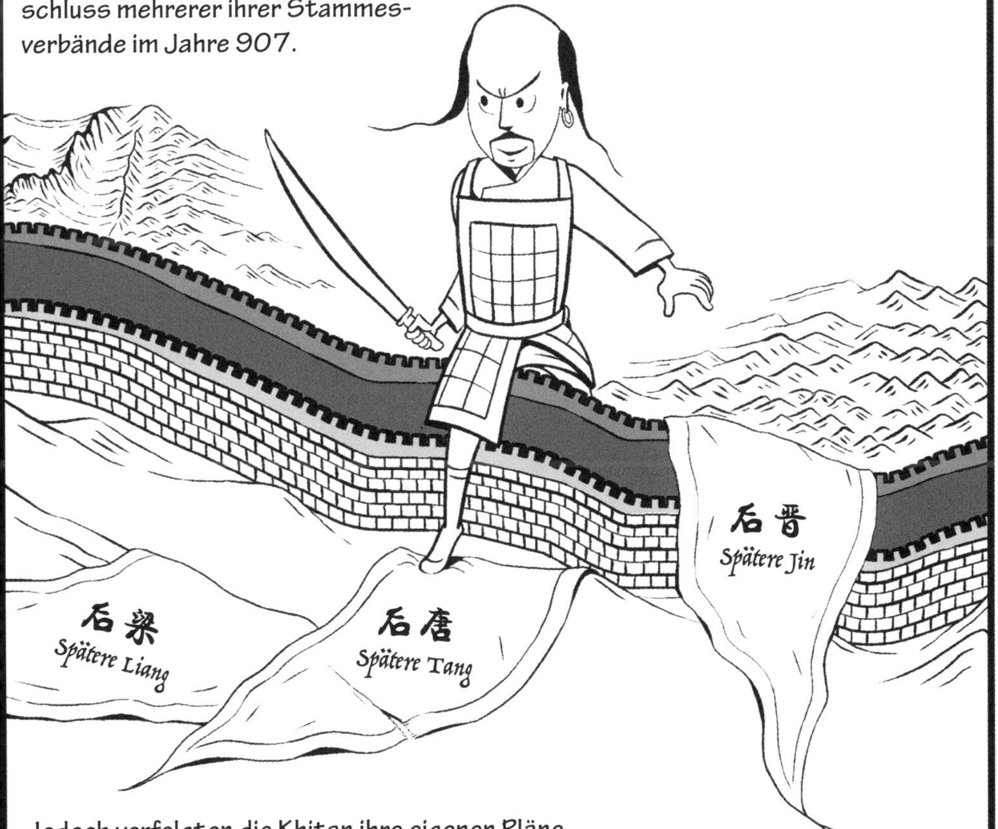

Jedoch verfolgten die Khitan ihre eigenen Pläne.
Sie spielten chinesische Kriegsfürsten gegeneinander aus und unterwarfen so drei der fünf Dynastien in Nordchina.
Sie erlangten die Kontrolle über die Chinesische Mauer, des letzten Verteidigungsbollwerks zum Schutz des chinesischen Kernlandes.

Im Jahr 938 errichtete die Liao-Dynastie in Youzhou (in der Nähe des heutigen Beijing) ihre Hauptstadt.

Der Aufstieg des Zhao Kuangyin

Im Jahr 954 fielen die Liao in die südlich gelegene Spätere Zhou ein.
Die Armeen beider Seiten trafen unweit der Stadt Gaoping aufeinander.

Unter dem Sturmangriff der Liao-Armee kollabierte die rechte Flanke der Armee der Späteren Zhou. Etliche Generäle ergriffen Fahnenflucht, tausende von Soldaten ergaben sich.
Aber ein Kavallerieoffizier blieb standhaft. Er stürmte mit einer 2000 Mann starken aus Palastwachen bestehenden Elitetruppe zum Angriff nach vorne und konnte den Kräfte der Liao Paroli bieten .
Zhao Kuangyin (927 - 976)

Die Spätere Zhou errang den Sieg.
Dieser Sieg markierte den ersten erfolgreichen Versuch einer chinesischen Dynastie nach dem Untergang der Tang-Dynastie, einen Einfall der Khitan abzuwehren.

Die Schlacht von Gaoping brachte Zhao Kuangyin viel Anerkennung ein. Nach der Schlacht wurde er aufgrund von herausragenden Kriegsverdiensten zum Generalkommandeur der Palasttruppen der Späteren Zhou befördert.
Nicht lange nachdem der Kaiser Shizong der Späteren Zhou an einer Krankheit verstorben war, ernannte sich Zhao Kuangyin zum Kaiser und rief die Song-Dynastie aus.
Die Song-Dynastie vereinigte während der nächsten 20 Jahre den Grossteil der chinesischen Territorien.

Die Song-Dynastie

(960 – 1279)

Die Offensive gegen die Liao scheitert

Die Armee der Song nutzte den Sieg als Gelegenheit, um einen Angriff auf die 16 Präfekturen von Yun und Zhou zu starten, in dem Versuch die Kontrolle über die Verteidigungsbollwerke der Chinesischen Mauer zurückzuerlangen. Eine Zeit lang kam die Song-Armee dabei in die Nähe der Südlichen Hauptstadt der Liao.

Jedoch hatte das Reich der Liao inzwischen sehr viel von der chinesischen Zivilisation gelernt, nachdem es Teile von Nordchina bereits während vieler Jahrzehnte besetzt gehalten hatte.
Die Khitan hatten durch den langfristigen Kontakt mit der chinesischen Kultur bereits erlernt, wie man eine grosse Bevölkerung organisierte, die Landwirtschaft verwaltete, Verteidigungsanlagen baute und wie man einer langfristigen Belagerung durch eine feindliche Armee standhalten konnte.
Sie stellten dadurch ernstzunehmende Widersacher da.

Nach vielen Jahren des Krieges befanden sich die Song und die Liao in einer Patt-Situation, da es keiner der Kriegsparteien gelungen war, die Oberhand im Konflikt zu gewinnen. Schliesslich handelten die beiden Parteien im Jahr 1005 einen Frieden aus und ein Friedensvertrag wurde unterzeichnet.
Die Song werden uns jährliche Tributzahlungen entrichten. 200'000 Stoffballen Seide und 100'000 Unzen Silber.
Diese Tributzahlungen erreichen nicht einmal zwei Prozent der Kosten, die bei einem Kriegsfall gegen die Liao auf uns zukämen.

In der Hochphase des Krieges zwischen den Song und den Liao war der Stamm der Tanguten (Dangxiang) mit den Liao eine Allianz eingegangen. Die Tanguten würden einige Jahrzehnte später die Westliche Xia Dynastie begründen (1038 - 1227).
Die Tanguten (Dangxiang) waren aus verschiedenen Ethnien hervorgegangen, darunter Stämme der Xianbei und der Qiang.

Ein Kompromiss mit der Westlichen Xia

Die Westliche Xia-Dynastie kontrollierte die Seidenstrasse und besass dadurch gleichzeitig das Monopol über den Handel mit Pferden. Pferde stellten zu dieser Zeit eine entscheidende militärische Ressource dar, die in einem Krieg den Ausschlag über Sieg oder Niederlage geben konnte.

Eine Blockade durch die Xia verhinderte, dass die Song-Dynastie an mehr Kriegspferde gelangen konnte. In der Frühphase der Dynastie verfügte die Song über 170'000 Pferde. Im Verlauf der Jahre fiel diese Zahl infolge von Kriegen und Angebotsknappheit drastisch. Der Tiefpunkt wurde im Jahr 1102 erreicht, als die Song nur noch rund 1800 Pferde besass.

Im Vergleich dazu hatte die Han-Dynastie noch über 600'000 Pferde verfügt, die Tang-Dynastie über 706'000 Pferde.

Um den Zugang zu Handelswegen zur Versorgung mit Pferden zu erhalten, griff die Song-Dynastie die Westliche Xia militärisch an. Nach einem zermürbenden Krieg mit wechselndem Schlachtenglück, der beiden Seiten hohe Verluste bescherte, aber bei dem niemand die militärische Oberhand gewinnen konnte, einigte man sich im Jahr 1044 auf einen Waffenstillstand und Friedensverhandlungen.
Wir erkennen die Oberherrschaft der Song an und erhalten dafür im Gegenzug jährliche Tributgeschenke von 50'000 Unzen Silber, 130'000 Stoffballen an Seide und 20'000 Pfund Tee.
Und nicht zu vergessen der Neujahrsbonus: 22'000 Unzen Silber, 23'000 Ballen Seide und 10'000 Pfund Tee.
Als wir noch Krieg gegen die Westliche Xia führten, überstiegen unsere jährlichen Militärausgaben diese jährlichen Geschenke um das 70fache.

Zu diesem Zeitpunkt war China in drei Dynastien geteilt.

(in Millionen)	Song	Liao	Xia
Bevölkerung im Jahr 1110	125	9	3
Truppenstärke	1,26	0,3	0,5
Anzahl Pferde	0,17	1	0,5

Die Justizreformen des Wang Anshi

Die Konflikte mit den Liao und den Xia führten bei den Song zu erheblichen Kosten.

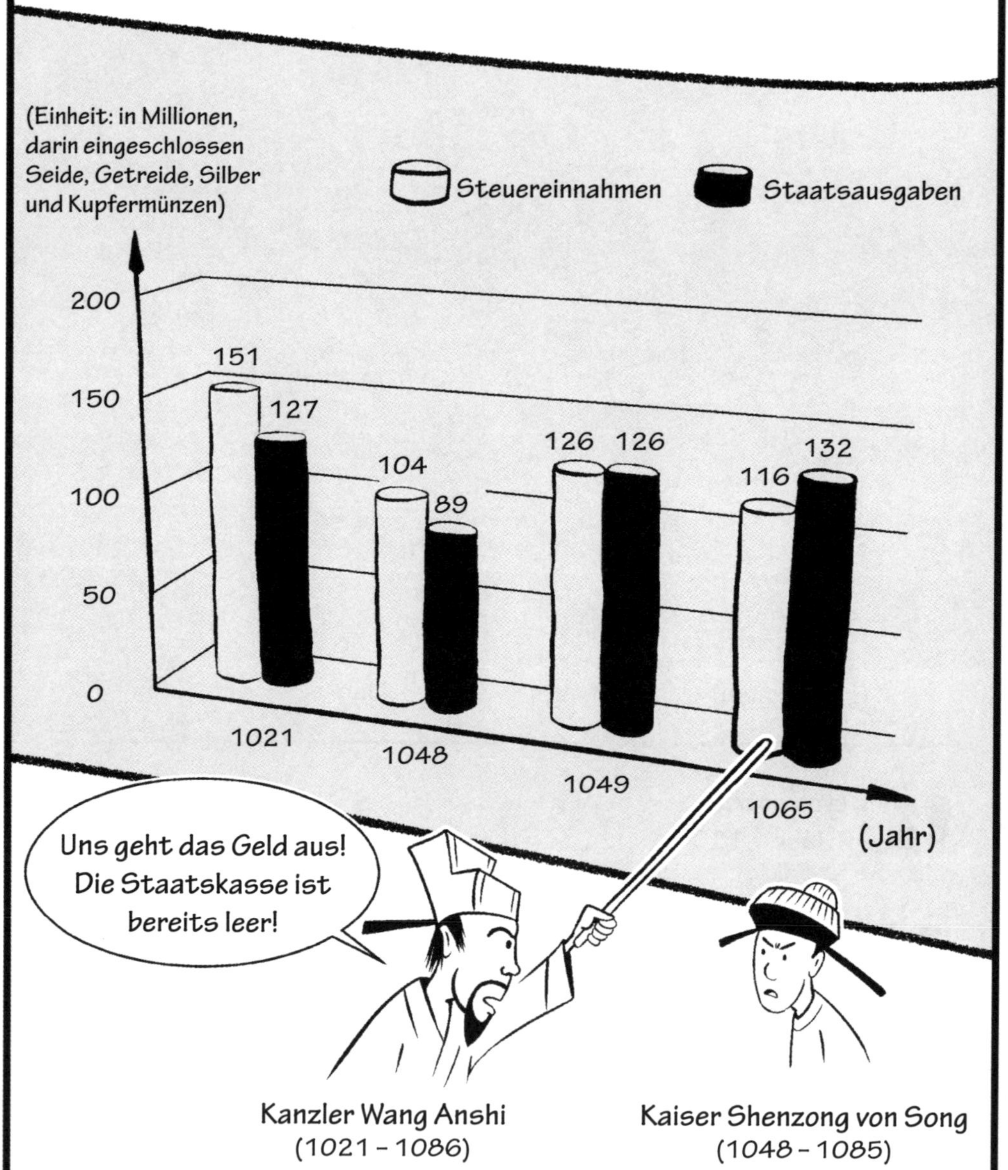

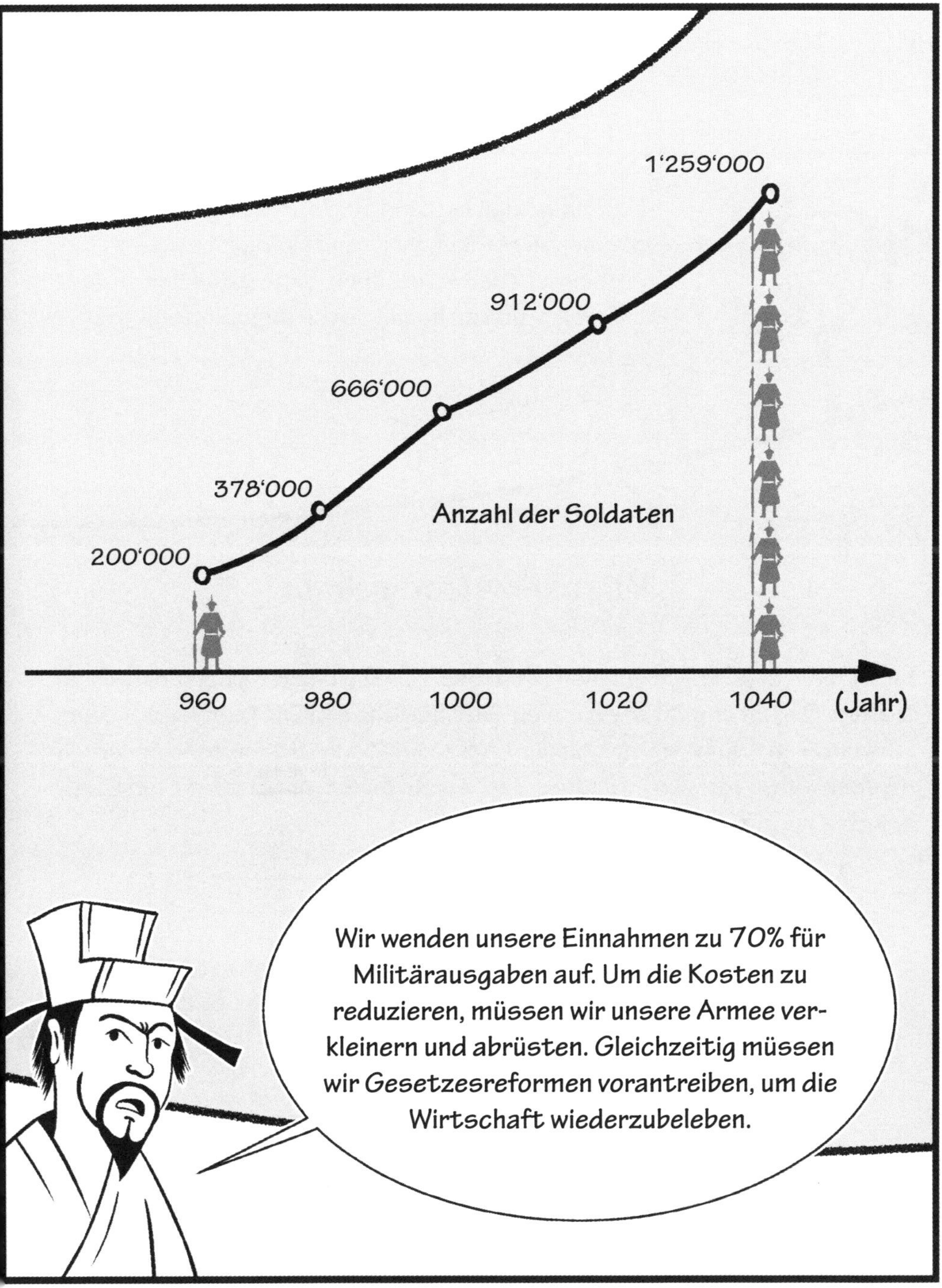
1'259'000
912'000
666'000
378'000
200'000
Anzahl der Soldaten
960
980
1000
1020
1040
(Jahr)
Wir wenden unsere Einnahmen zu 70% für Militärausgaben auf. Um die Kosten zu reduzieren, müssen wir unsere Armee verkleinern und abrüsten. Gleichzeitig müssen wir Gesetzesreformen vorantreiben, um die Wirtschaft wiederzubeleben.

Im Jahr 1069 verkündete Wang Anshi offiziell die Gesetzesreformen.

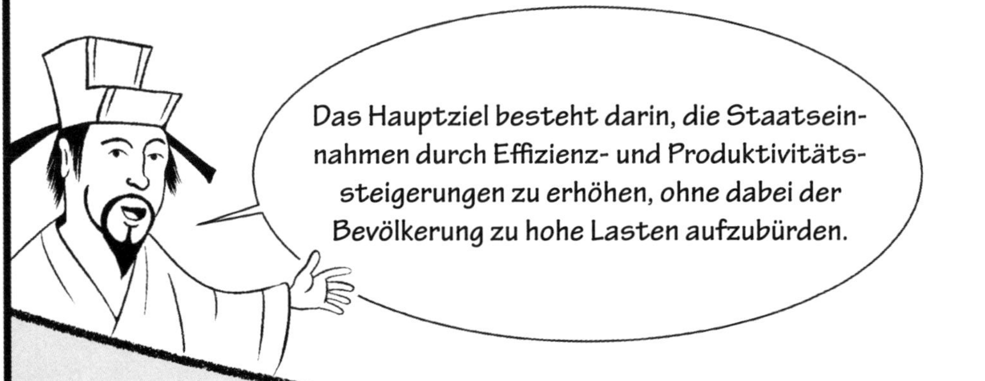

Mikrokreditprogramm

Landlose Pachtbauern machen ein Drittel der Bevölkerung der Song-Dynastie aus. Darunter gibt es sehr viele Familien, die sich die Miete von Ackerland und den Kauf von Saatgut und Ackergeräten nicht leisten können. Sie müssen daher von den Grundbesitzern Geld leihen, die Zinsrate beträgt aber bis zu 50%!

Um dieses Problem zu lösen, haben wir ein Mikrokreditprogramm entworfen.
Während der Anbausaison nehmen die Bauern bei den Lokalbehörden einen Kredit auf.
Sie verwenden das Geld für den Ackerbau.
Nach der Ernte zahlen die Bauern den Kredit mitsamt Zinsen zurück, der Zinssatz beträgt 20%.

Reisanbau

Während der Zeit der Fünf Dynastien und der Zehn Reiche war mehr-saisonaler Reis zum ersten Mal nach China eingeführt worden.
Diese Reissorte lieferte pro Jahr maximal bis zu drei Ernten, wohingegen andere wichtige landwirtschaftliche Kulturpflanzen der damaligen Zeit wie Hirse oder Weizen pro Jahr nur eine Ernte abwarfen.

Der Anbau von Reis war immer schon eine sehr arbeitsintensive Angelegenheit.

- Kehrt die obere Erdschicht um, ebnet die untere Erdschicht ein, dann schichtet die obere Erdschicht wieder auf. Auf diese Weise kann die untere Schicht des Reisfeldes Wasser speichern, während die obere Schicht locker und weich ist, was für das Wachstum der Reispflanzen förderlich ist.

- Legt Dämme um die Felder sowie Wasserkanäle an, um die Reisfelder zu bewässern und gleichzeitig die Wassermenge kontrollieren zu können.

- Dann folgt die Zucht der Jungpflanzen, das Umsetzen der Setzlinge, das Düngen des Bodens, das Jäten von Unkraut, die Bekämpfung von Schädlingen und schliesslich das Einholen der Ernte.

Für den Anbau von Reis wird Wasser in ausreichender Menge zur Bewässerung benötigt, deshalb unternahm die Song-Dynastie die Planung und Errichtung von mehr als 10'000 Projekten im Bereich von Wasserbau und Bewässerungsanlagen.

Dank der Reisproduktion in Südchina überschritt Chinas Bevölkerung erstmals die 100-Millionen-Marke.

Vor Beginn der Song-Dynastie verlangten die meisten Herrscherdynastien von den Bauern, unentgeltliche Fronarbeit zu leisten, wodurch ihre für den Ackerbau zur Verfügung stehende Zeit stark beansprucht wurde. Wir zwingen die Menschen nicht dazu, unentgeltlich zu arbeiten.
Gesetz über den Einzug zur Fronarbeit
Die Bauern müssen nur eine kleine Abgabe entrichten, um von den Frondiensten entbunden zu werden.
Die lokalen Beamten sammeln die Gelder ein, die dafür verwendet werden, um Menschen zur Verrichtung der Arbeiten einzustellen.

Die kaiserliche Beamtenprüfung

Wang Anshi bediente sich des kaiserlichen Prüfungssystems, um die Beamten zu rekrutieren, die er zur Durchführung seiner Reformen benötigte.

Die Song-Dynastie legte grossen Wert darauf, das kaiserliche Prüfungssystem möglichst gerecht und unparteiisch zu gestalten.
Jeder männliche Erwachsene, unabhängig von seinem Vermögen und seiner gesellschaftlichen Stellung, kann an den Prüfungen teilnehmen.
Die Reisekosten von Kandidaten aus ärmlichen Verhältnissen werden von den lokalen Behörden übernommen.
Nach der Prüfung kopieren Schreibkräfte die Prüfungsbögen und verdecken dabei die Namen der Prüfungskandidaten, um bei der Notenvergabe mögliche Vorzugsbehandlungen zu verhindern.

Privilegierte Familien der Eliten investierten ein Vermögen in die Bildung ihrer Kinder, etwa für teure Prüfungsvorbereitungen. Aber am Tag der Prüfung mussten die Söhne aus reichem und einflussreichem Hause sich dann doch in fairer Weise mit Prüflingen aus der gewöhnlichen Bevölkerung messen. Zumindest im Prüfungssaal waren die Ausgangslage und die Wettbewerbsbedingungen für alle gleich.
Mein Kind, ich garantiere dafür, dass dir genügend Zeit zum Lernen, tausende Bücher und professionelle Nachhilfelehrer zur Verfügung stehen. Aber du musst fleissig lernen und die Prüfung mit einer hohen Punktzahl bestehen, nur dann kannst du eine hohe Position in der Regierung erlangen und deinen Ahnen Ehre machen.

Das kaiserliche Prüfungssystem erreichte seinen Höhepunkt in der Song-Dynastie.

Die Anzahl der Prüfungsteilnehmer stieg rapide an.

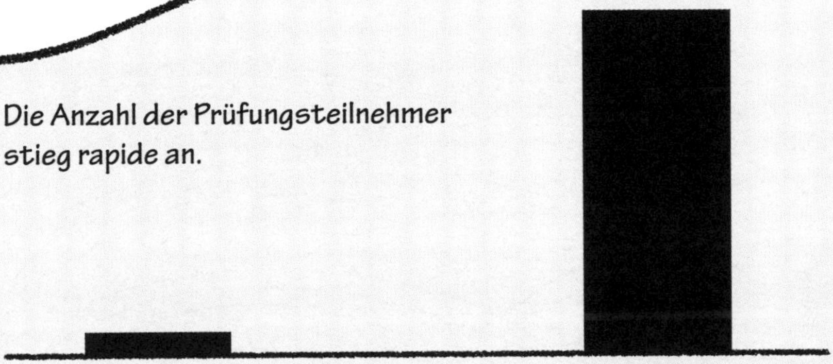

30'000 Prüfungsteilnehmer pro Jahr zu Anfang des 11. Jahrhunderts (ein Anteil von 0,08% an der Gesamtbevölkerung)

400'000 Prüfungsteilnehmer pro Jahr am Ende des 13. Jahrhunderts (ein Anteil von 1,3% an der Gesamtbevölkerung)

Infolge der Ausweitung des Systems der kaiserlichen Beamtenprüfung stiessen die Gelehrten-Beamte allmählich in den Kern der herrschenden Eliten der Song-Dynastie vor.

90% der Kanzler der Song wurden durch das Prüfungssystem in ihre Position eingesetzt, dies ist mehr als in jeder anderen Dynastie.

Weil durch den Selektionsprozess der kaiserlichen Beamtenprüfung Talente gefördert wurden, nicht aber Verwandtschaftsbande oder Beziehungen, stammten 50% der Beamten der Song-Dynastie aus der einfachen Bevölkerung.

Viele Gelehrten-Beamte der Song traten als wichtige Persönlichkeiten der chinesischen Geschichte hervor.
Ihre Schriftzeugnisse zählen zu den gefeiertsten Werken der chinesischen Literatur.

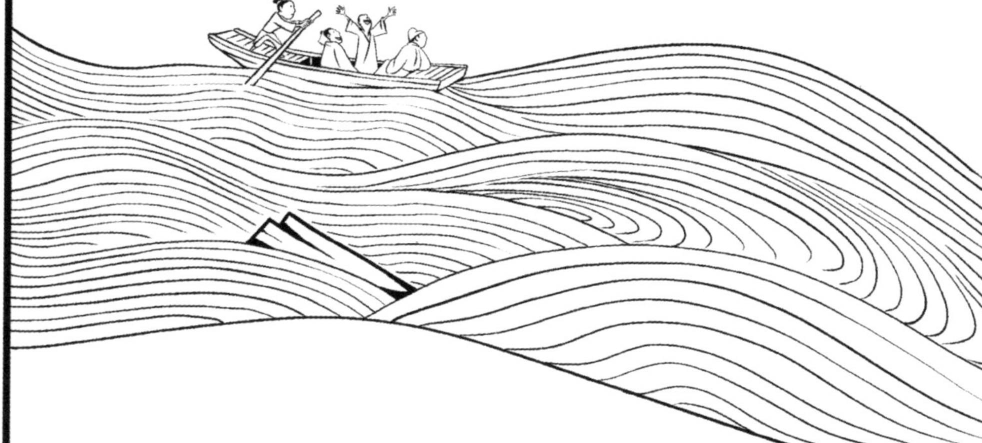

《岳阳楼记》**Erinnerungen an den Turm von Yueyang**

von Fan Zhongyan 范仲淹 (989 - 1052), Vizekanzler

不以物喜，不以己悲。

Man soll sich nicht an materiellen Gewinnen erfreuen und nicht persönlichen Verlusten nachtrauern.

先天下之忧而忧，后天下之乐而乐。

Mache dir Sorgen, bevor sich die Bevölkerung unter dem Himmel darum zu sorgen beginnt, und sei erst glücklich, wenn die Bevölkerung glücklich ist. ~
An erster Stelle steht das Wohl des Landes, erst an letzter Stelle stehen die persönlichen Freuden.

《醉翁亭记》
Erinnerungen an den Pavillion eines betrunkenen alten Mannes

von Ouyang Xiu 欧阳修 (1007 - 1072), Vizekanzler

醉翁之意不在酒，在乎山水之间也

**Der betrunkene alte Mann verweilt in Gedanken nicht im Wein,
sondern in der Landschaft aus Bergen und Gewässern.**

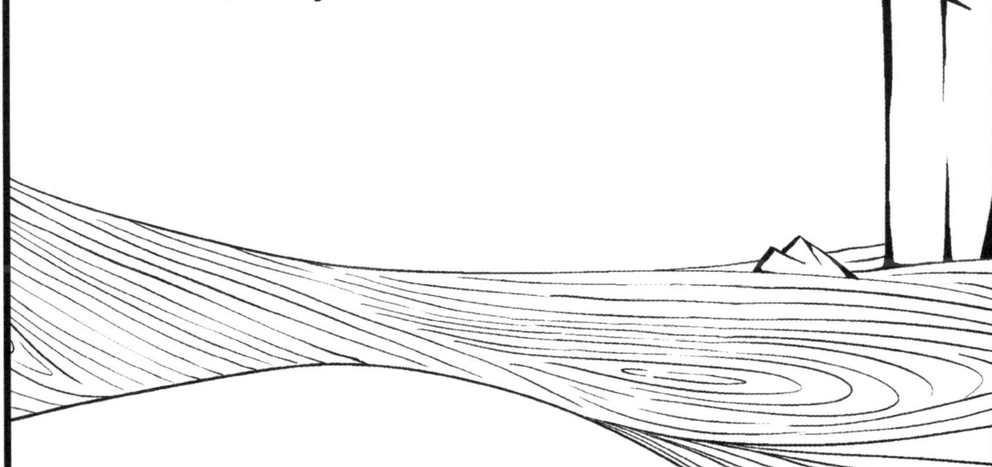

《赤壁怀古》 Am roten Felsen über Vergangenes nachsinnen

von Su Shi 苏轼 (1037 - 1101),
Minister des Ministeriums für Kultur und Erziehung

大江东去	der grosse Strom fliesst nach Osten
浪淘尽	die Wellen spülen fort
千古风流人物	die herausragendsten Persönlichkeiten aus alter Zeit

**Tausende von Jahre fliessen vorbei,
gleich einem grossen Strom, der ostwärts fliesst.
Die Wellen der Zeit reissen selbst den grössten Mann mit sich fort.**

Technologische Fortschritte: Schiesspulver, Kompass und Buchdruck

Wang Anshi hoffte durch den Einsatz von Technologien das wirtschaftliche Wachstum ankurbeln zu können.

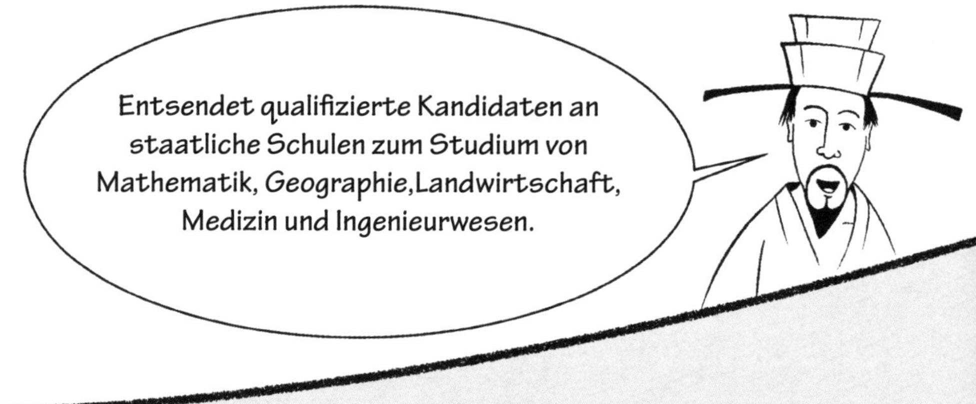

10 Jahre später hatten diese ausgebildeten Experten mehr als 100 Erfindungen gemacht und gleichzeitig ihre praktische Anwendung vorangetrieben.

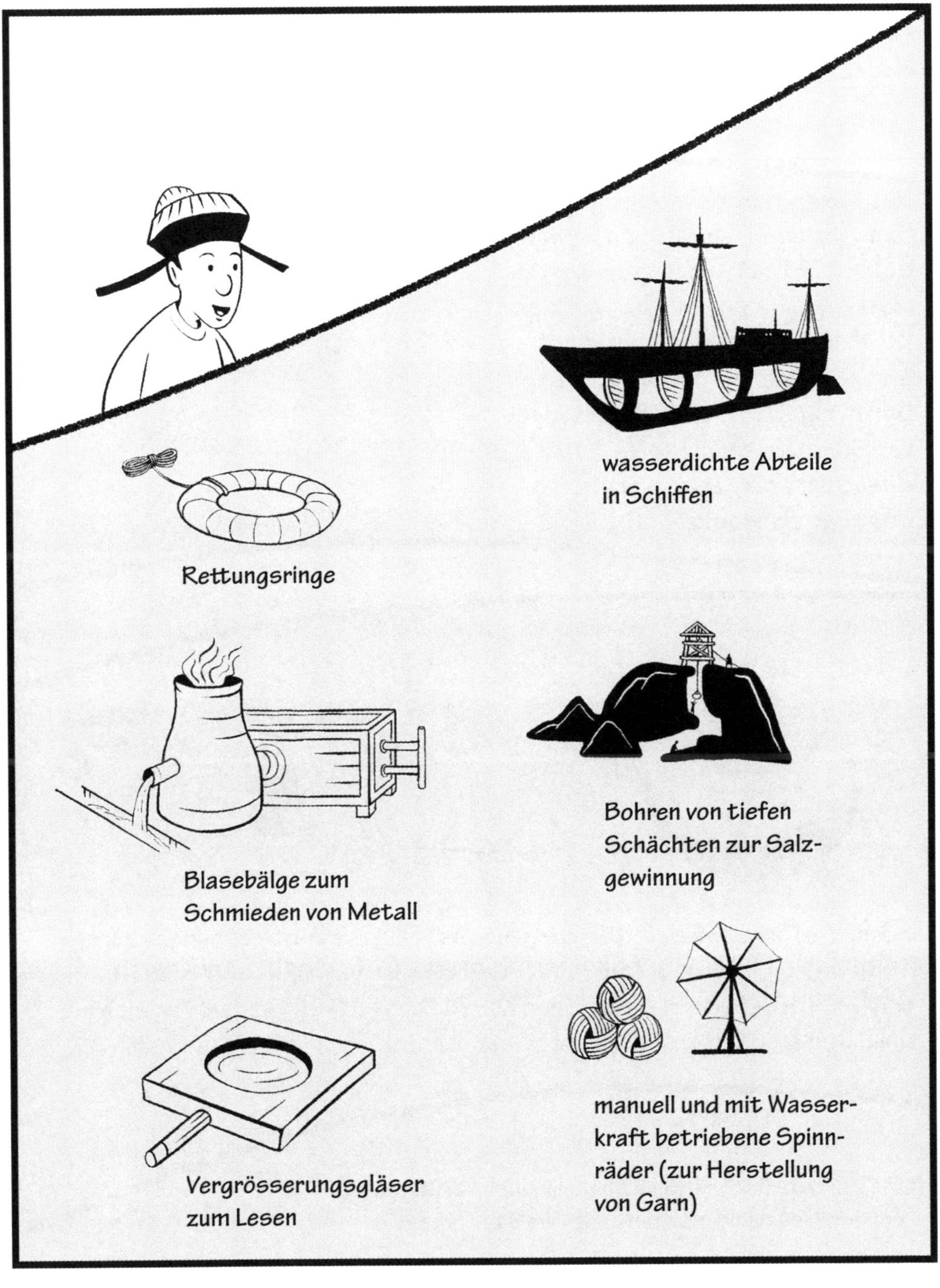
wasserdichte Abteile in Schiffen
Rettungsringe
Bohren von tiefen Schächten zur Salzgewinnung
Blasebälge zum Schmieden von Metall
manuell und mit Wasserkraft betriebene Spinnräder (zur Herstellung von Garn)
Vergrösserungsgläser zum Lesen

Ausserdem wurden drei der vier grossen chinesischen Erfindungen während dieser Zeitepoche gemacht.

Das Rezept zur Herstellung von Schwarzpulver, einr frühen Form von **Schiesspulver**, wurde zum ersten Mal in der „Sammlung der wichtigsten Militärtechniken" schriftlich festgehalten. Der Verfasser Zeng Gongliang (998 - 1078), ein enger Verbündeter Wang Anshis, hatte sich einst stark für dessen Gesetzesreformen eingesetzt.

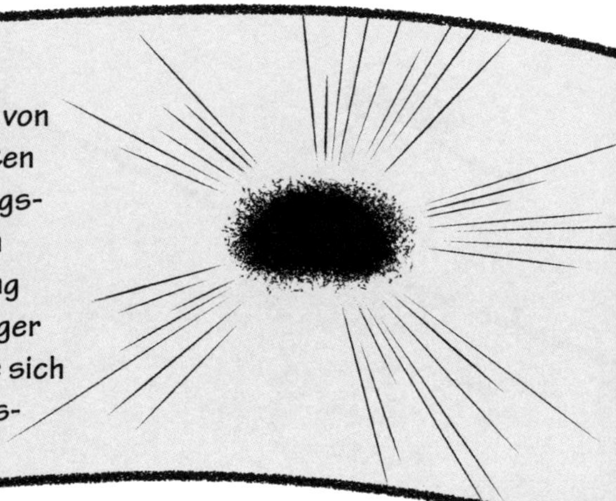

In den „Notizen von Mengxi" finden sich detaillierte Aufzeichnungen zum **Kompass** und zum **Buchdruckverfahren mit beweglichen Schriftzeichenlettern**. Beim Autor Shen Kuo (1031–1095) handelt es sich um einen weiteren Unterstützer der Gesetzesreformen von Wang Anshi.

* Die vierte Erfindung, die Erfindung eines Verfahrens zur Papierherstellung, stammt aus der Han-Dynastie.

Entlang des Flusses während des Qingming-Festes

Wang Anshis Gesetzesformen zeigten Wirkung, sie führten zu einer Wiederbelebung des Landes.

Zu Beginn des 12. Jahrhunderts hatte sich die Song-Hauptstadt Bianjing zum wirtschaftlichen und industriellen Zentrum des Reiches entwickelt. Ihre Einwohnerzahl überstieg eine Million, was Bianjing zur grössten Stadt der damaligen Welt machte.

Ein Maler der Song-Dynastie hielt die blühende Szenerie der damaligen Zeit in seiner Bildrolle „Am Fluss entlang während des Qingming-Festes" fest. Diese Bildrolle gilt bis heute als das berühmteste und bedeutendste Werk der chinesischen Malerei.

Die 5,28 Meter lange Bildrolle fängt Szenen aus dem alltäglichen Leben von 814 Figuren in und um die Hauptstadt Bianjing ein.

Strassenverkäufer

Händler

Reisender

Beamter

Mönch

Handwerker

Bootsmann

Kutscher

Sänftenträger

Händler aus allen Landesteilen strömten in die Stadt, um Geschäfte abzuschliessen, der Handel prosperierte.

Viele Geschäfte waren auch während der Nacht geöffnet.
Zum ersten Mal gab es ein Nachtleben in China.

Erneute Ausereinandersetzungen mit dem Norden

Nach einem Jahrzehnt der Reformen war Kaiser Shenzong zur Ansicht gelangt, sein Land sei bereits wieder stark genug, um gegen äussere Feinde in den Krieg zu ziehen und einen Feldzug gegen den Norden wagen zu können.

Bei der Invasion von 1081 handelte es sich um die grösste militärische Operation, die die Song jemals unternommen hatten.

Aber es lief nicht gut für die Song.
Unsere Truppen haben die Hauptstadt der Xia-Dynastie erreicht, konnten diese aber trotz langer Belagerung nicht einnehmen.
Der Krieg zog sich bis in den Winter hinein. Zwischenzeitlich hatten feindliche Truppen unsere Nachschublinien aufgerieben, wodurch es unseren Truppen an Winterbekleidung, Armeeproviant und Waffen mangelte.
Da holte der Feind plötzlich zum Gegenschlag aus. Wir erlitten Verluste von 600‘000 Mann!
Die Hiobsbotschaften von der Front brechen nicht ab, was mich regelmässig mitten in der Nacht aus dem Schlaf aufschrecken lässt. Ich kann dann nicht mehr einschlafen und mir bleibt nichts übrig, als bis zum Morgengrauen rastlos hin- und herzulaufen.
Kaiser Shenzong
Im Jahr 1085 verstarb der in einer tiefen Depression steckende Kaiser im Alter von nur 37 Jahren. Wang Anshi starb nur ein Jahr später an einer Krankheit.

Ein Künstler auf dem Kaiserthron

Die Nachfolger von Song-Kaiser Shenzong führten die Feldzüge gegen die Xia fort. Bis zur Regierungszeit des Song-Kaisers Huizong hatte die Armee der Song eine strategische Gebirgsregion an der Grenze zwischen den Song und den Xia von den Xia zurückerobert und bereiteten sich auf eine Grossoffensive vor.

Um die Rüstungsausgaben und Kriege zu finanzieren, hat die Song-Dynastie im Jahr 1120 nationale Banknoten ausgegeben. Es handelt sich um das erste Papiergeld der Welt.

Kaiser Huizong zählt zu den Kaisern in der chinesischen Geschichte mit einer starken künstlerischen Ader. Er war ein angesehener Dichter, Musiker, Maler und Kalligraph.

Seine kalligraphische Handschrift ist so beliebt, dass sie noch heute als Font auf chinesischen Computern verwendet wird.

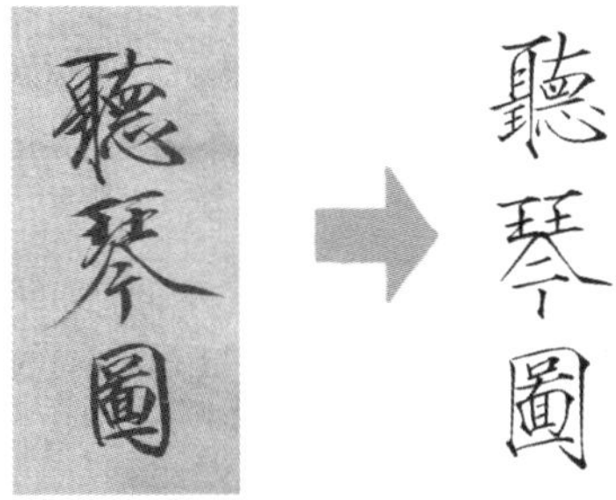

Dem Song-Kaiser Huizong war sehr daran gelegen und er unternahm grosse Anstrengungen darin, eine Überlegenheit der Song-Dynastie auf einer geistig-spirtuellen Ebene gegenüber den Liao und den Xia ideologisch zu untermauern.

Der Jadekaiser ist bis in die Gegenwart eine beliebte chinesische kulturelle Ikone geblieben.

Der Aufstieg der Jurchen (Nüzhen)

Als die Xia kurz vor einer Niederlage gegen die Song standen, entsandten die Liao massive militärische Unterstützung, um den Xia beizustehen. Der Vorstoss der Song wurde so zunichte gemacht. Im gleichen Zeitraum im Jahr 1114 stiegen die Stämme der Jurchen (Nüzhen) in Nordostasien zu einem Machtfaktor auf.

Um die Liao-Dynastie für ein und alle Mal zu vernichten, luden die Jin die Xia und die Song dazu ein, die Liao gemeinsam von drei Seiten aus anzugreifen.
Was ihr auch immer von dem Territorium der Liao an Euch reissen könnt, wird Euch gehören.
Die Xia und die Song gingen die Allianz ein. Im Jahr 1125 brach das Reich der Liao zusammen.
In nur 10 Jahren schwangen sich die Jin von einem kleinen Stamm zu einem mächtigen Staat im Norden auf.
Wir haben das meiste Land der Liao in Besitz genommen. Nachdem die Liao-Armee uns gegenüber kapituliert hat, untersteht sie nun unserem Kommando.

Die letzten Tage der Nördlichen Song

Im Jahr 1127 führten Truppen der Jin einen Überraschungsangriff auf die Song-Hauptstadt aus und nahmen dabei den Song-Kaiser Huizong und die kaiserliche Familie mitsamt fast sämtlichen Mitgliedern der kaiserlichen Regierung gefangen.

Die Herrschaft der Song-Dynastie über den Norden Chinas, die als Zeitperiode der Nördlichen Song bezeichnet wird, war damit an ihr Ende gelangt.

Die Jin verschleppten 14'000 Bürger der Song, sowohl Angehörige der Herrscherelite als auch einfache Bürger, darunter befanden sich 11'635 Frauen.
Was wollt ihr mit uns anstellen?
Ich rechne es mal aus, 10 Männer können gegen ein Pferd eingetauscht werden. Eine Song-Prinzessin ist 10 Unzen Gold wert.

Wir haben auch alle 21 Töchter
von Huizong an uns gebracht.
Die älteste ist 28 Jahre alt, die jüngste 4.
Nachdem sie in Jin-Territorium eingetroffen waren, wurden einige wenige der glücklicheren Song-Chinesen zu Bedienste-ten im Palast der Jin.
Viele wurden in die Sklaverei verkauft.
Die meisten aber wurden zu Tode gefoltert.
Auch der vormalige Song-Kaiser Huizong, der einst der Sohn des Himmels gewesen war, starb als gebrochener Mann in einem fremden Land.

Einige Historiker sind der Ansicht, dass das tragische Ende der Nördlichen Song und die anschliessenden Raubzüge durch Nomadenstämme aus dem Norden die Entstehung des Brauches vom Füssebinden bei Mädchen angetrieben haben.
Um zu verhindern, dass ihre Töchtern geraubt wurden, fingen einige Eltern damit an, ihren Töchtern die Füsse einzubinden.
Als die Mädchen älter wurden, blieben ihre Füsse deformiert und klein.
Für die von der Viehzucht lebenden Nomadenvölker waren Frauen mit unnatürlich kleinen Füssen nutzlos.
Was?! Sie kann nicht reiten?
Mama, meine Füsse tun so weh.
Ich weiss, dass es sehr schmerzhaft ist, aber zumindest bist du dadurch in Sicherheit.

Ein berühmter Roman aus dem 14. Jahrhundert beschreibt die Umstände während der letzten Jahre der Nördlichen Song-Dynastie.

In diesem Klassiker werden die Geschichten von 108 gesetzlosen Helden erzählt, die in geistiger Verwandtschaft zu den Kumpanen von Robin Hood stehen.
Diese Figuren werden aus Notlagen heraus in die Rebellion getrieben. Nachdem sie sich am Berg Liang zu einer Rebellengruppe zusammengeschlossen haben, entwickeln sie sich zu einer mächtigen Gruppierung. Später nehmen sie ein Amnestieangebot der Regierung an und treten der Song-Armee bei, um Rebellionen allerorten niederzuschlagen und ausländische Invasoren abzuwehren.

*(auch bekannt als „Die Räuber vom Liang-Shan-Moor“)

Rückzug in den Süden

Nur ein Sohn von Kaiser Huizong entkam der Gefangennahme. Er war aufgrund von glücklichen Umständen der Fahndung durch die Jin-Truppen entschlüpft. Er hiess Zhao Gou.

Zhao Gou
(1107 – 1187)

Im Juni 1127 erklärte sich Zhao Gou zum Kaiser und begründete damit die Südliche Song-Dynastie (1127 – 1279).

Eine Million Flüchtlinge begleiteten Zhao Gou auf seiner Flucht nach Süden, darunter befanden sich 20'000 Beamte und 400'000 Soldaten.

Die Südliche Song verfügte über keine verlässliche Armee, die das Reich hätte verteidigen können.
Zuerst haben zwei Armeegeneräle die Macht am Hof an sich gerissen und mich dazu gezwungen, abzudanken. Nachdem andere Generäle mich gerettet haben, üben diese wiederum Macht über mich aus. Ich selbst besitze keine reale Macht mehr.
Viele Generäle bestehen darauf, den Krieg gegen die Jin weiterführen zu müssen. In Wirklichkeit benutzen sie den Krieg als Vorwand, um ihre Macht und ihren Einfluss zu mehren. Einige fälschen Berichte, um ihre Stellung zu erhöhen, verschleiern militärische Niederlagen und betrügen den Staat um Finanzen durch Falschangaben bei den Militärausgaben.

Weitverbreitete Unruhen im Süden schwächten zudem die Verteidigungskräfte der Südlichen Song.
Jin
In jeder Provinz existieren etliche Räuberbanden. Jede Gruppierung besteht aus mindestens 100'000 Mitgliedern.

Mir bleibt keine andere Wahl, als die Jin um Frieden anzuflehen.
Wenn wir die Kriegsentwicklungen so weiter fortschreiten lassen wie bisher, wobei die de facto unabhängigen Generäle den Krieg immer weiter in die Länge ziehen, werden wir nicht nur daran scheitern, den Norden zurückzugewinnen, sondern wir werden auch den Süden verlieren.

Auch den Jin war an einem baldigen Friedensschluss sehr gelegen, denn ihnen fehlten die Kräfte für weitere Kriege.
Nach der Eroberung der Liao und der Nördlichen Song sind unsere Stammesmänner über weit entfernte Gebiete zerstreut, während sie sich damit befassen müssen, über eine riesige Bevölkerung an Khitan (Qidan) und Chinesen zu herrschen.
Unsere Militäroffiziere haben sich angewöhnt, elegante Kleider zu tragen und die Nächte durchzufeiern. Sie sind durch die Gewöhnung an Reichtum und einen luxuriösen Lebensstil verweichlicht, sie haben ihre nomadischen Traditionen und ihren Kampfeswillen eingebüsst.

Im Jahr 1141 unterzeichneten die Jin und die Südliche Song den Vertrag von Shaoxing. Der Vertrag machte 30 Millionen Chinesen aus dem Norden, oder 30% der chinesischen Bevölkerung, zu Untertanen der Jin-Dynastie.

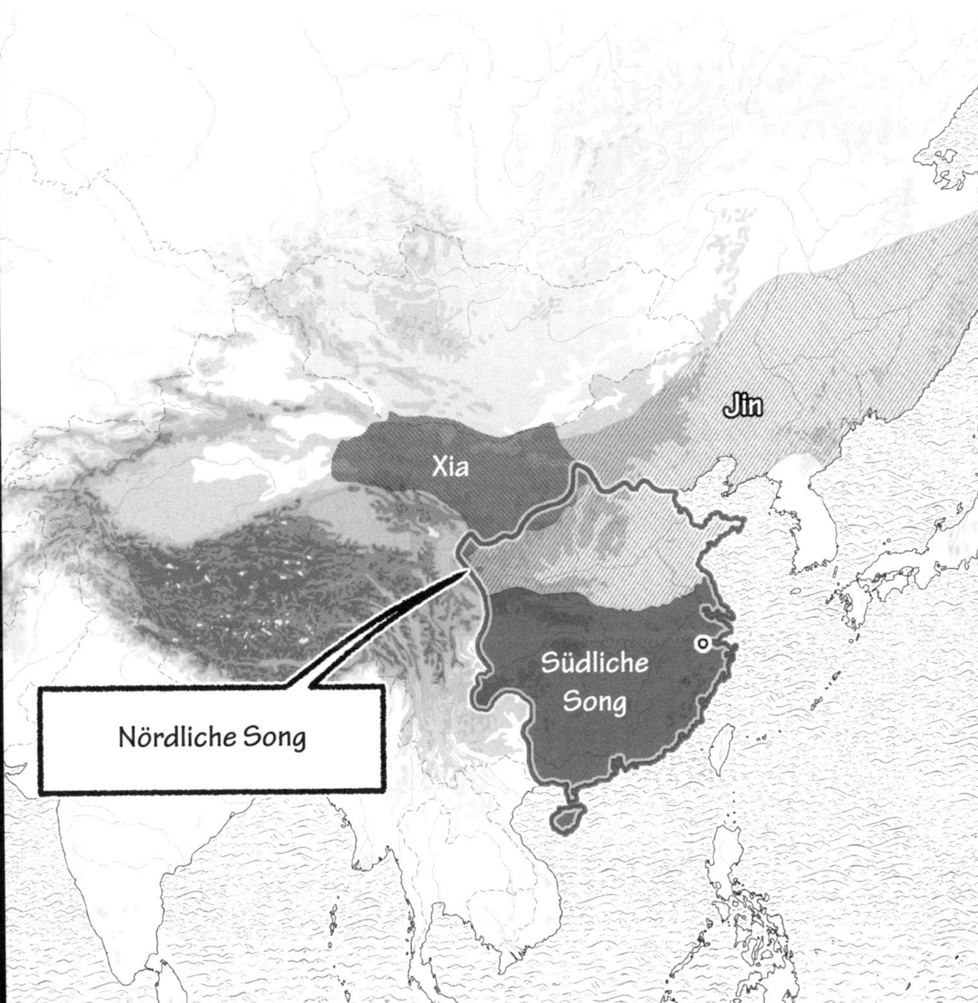

◎ Hauptstadt Lin'an (heutiges Hangzhou)

Für die Nordchinesen unter Jin-Herrschaft ging das Leben weiter wie bisher.
Ich habe früher Steuern an den Song-Kaiser entrichtet, jetzt zahle ich Steuern an den Jin-Kaiser. Es spielt für mich keine Rolle, wer der Kaiser ist!
Angesichts dieser Haltung der Menschen überkam die Beamten der Südlichen Song ein Gefühl der Hilflosigkeit und Machtlosigkeit.
Die Menschen im Norden möchten gar nicht, dass wir sie von der Fremdherrschaft befreien.
Und die Menschen im Süden scheren sich nicht um den Verlust der Territorien im Norden.

Viele Menschen sehen in den Feinden nicht ein fremdes Barbarenvolk, sondern sie betrachten sie einfach als eine neue Herrscherdynastie.
Du kannst Ihnen daraus keine Vorwürfe machen.
Laut traditioneller konfuzianischer Lehrdoktrin kann ein jeder Mensch den Kaiserthron besteigen, solange er der Bevölkerung Frieden bringt.
Unserer Gesellschaft fehlt es an einem Bewusstsein einer nationalen Identität. Dies ist einer der Gründe dafür, warum unsere Soldaten sich gegenüber dem Feind ergeben, warum unsere Menschen bereit sind, eine Fremdherrschaft, die Unterwerfung unter einen fremden Volksstamm zu akzeptieren, und warum unser Land nicht imstande ist, Invasoren zu vertreiben und verlorenes Territorium zurückzugewinnen.
Um unserer Bevölkerung eine stärkere nationale und ethnische Identität zu geben, müssen wir den Konfuzianismus reformieren!

Die neokonfuzianische Bewegung

Die Denker der Song-Dynastie strebten danach, die konfuzianischen Lehren zu reformieren. Ihre theoretischen Forschungen beförderten die Entstehung des Neokonfuzianismus (chinesisch wörtlich: *lixue* „Schule von den universellen Prinzipien"). In den kommenden 800 Jahren würde der Neokonfuzianismus zur Mainstream-Ideologie in der chinesischen Gesellschaft werden und damit das chinesische Geistesleben dominieren.

Zu den einflussreichsten Neokonfuzianern zählte ein Gelehrten-Beamter der Südlichen Song namens Zhu Xi (1130 - 1200).

Zhu Xi integrierte frühere chinesische Auffassungen über die Beschaffenheit des Universums in ein System.

Alles besteht aus *Li* (Prinzipien) und *Qi* (Lebensenergie).

Beispielsweise haben die Menschen zuerst das dem Schiffsbau zugrundeliegende Prinzip entdeckt und später die richtigen Materialien gefunden, um Schiffe zu bauen. Bei diesen Materialien handelt es sich um Lebensenergie in ihrer konkreten Form.

Die Prinzipien und die Lebensenergien haben ihre Quelle im *Taiji*, einer Art Urkraft und gleichzeitig grundlegendem Prinzip, und das *Taiji* existiert seit Anbeginn des Universums.

Um das abstrakte Konzept des *Taiji* zu verstehen, müssen wir erst die verschiedenen Formen von Prinzipien, die der physischen Welt innewohnen, verstehen, darin eingeschlossen die der Menschheit selbst innewohnenden Prinzipien.

Der wichtigste Beitrag Zhu Xis an den Neokonfuzianismus war die Reformierung der traditionellen konfuzianischen Lehrpläne, welche über 1000 Jahren lang verwendet worden waren.
Die überlieferten konfuzianischen Klassiker sind überholt und haben den Bezug zur heutigen Lebensrealität verloren.
Die fünf klassischen Schriften, zusammengestellt von Konfuzius
《诗经》 *Das Buch der Lieder*
《易经》 *Das Buch der Wandlungen*
Natürlich ist es reizvoll, die alten Reime aus dem *Buch der Lieder* und die Interpretationen zu Wahrsagesymbolen aus dem *Yijing* zu erlernen.
Aber unsere Schüler sollten sich damit beschäftigen, wie die realen Probleme unseres Staates zu lösen sind.
《尚书》 *Das Buch der Urkunden*
《春秋》 *Die Frühlings- und Herbstannalen*
Die historischen Aufzeichnungen in diesen beiden Büchern sind nicht im geringsten vertrauenswürdig.
《礼记》 *Das Buch der Riten*

Nur das *Buch der Riten* besitzt einen gewissen praktischen Wert, da es sich auf Verhaltensnormen konzentriert. Ich habe von den 49 Kapiteln zwei ausgewählt, die ich für den Einsatz im Unterricht als tauglich erachte.
Mein neuer Lehrplan regt die Schüler dazu an, darüber nachzudenken, warum sie lernen sollen, und wie sie zu anständigen Menschen heranreifen können.
Die vier Bücher, zusammengestellt von Zhu Xi
《大学》
Das Grosse Lernen
《中庸》
Mitte und Mass
《论语》
Gespräche des Konfuzius
《孟子》
Menzius

Meiner Meinung nach lassen sich alle konfuzianische Lehren auf einen Grundsatz herunterbrechen:
Die Wichtigkeit, den obersten Prinzipien treu zu bleiben und selbstsüchtigen Begierden zu entsagen.

Alle Menschen sind von Natur aus gut.
Aber die natürliche Veranlagung zu menschlicher Güte reicht nicht aus. Wir müssen den Verhaltensnormen der Gesellschaft folgen und uns selbst moralisch zu vervollkommnen trachten.
Für unsere Schüler besteht die beste Lernmethode darin, sich in die Lektüre der Schriften zu vertiefen. Anschliessend sollen sie darüber nachsinnen, wie das erlernte Wissen als Wegweiser eigenen Handelns angewendet werden kann.

Zu Lebzeiten Zhu Xis wurden an öffentlichen Schulen nur die Fünf Klassiker unterrichtet, und alle Schüler mussten diese studieren, um die kaiserliche Beamtenprüfung bestehen zu können.
Ich habe eine private Schule eröffnet, um die Vier Klassiker lehren zu können. Am Anfang hatte ich nur 10 Schüler.
白鹿洞書院
Inspiriert durch Zhu Xi, eröffneten nun auch andere lokale Beamte und prominente Gelehrte ähnliche Lehranstalten. Erst durch ihre Anstrengungen konnten sich die Vier Bücher zur Lehrdoktrin des Neokonfuzianismus und zu den Grundfesten in der konfuzianischen Erziehung entwickeln, und sie blieben es bis ins Jahr 1905.

Zhu Xi zählt zu den produktivsten Gelehrten in der chinesischen Geschichte. Seine bis heute erhaltenen Schriften umfassen insgesamt 13.5 Millionen Schriftzeichen.
Er befasst sich darin mit Themen wie Geschichte, Philosophie, Regierungsführung, Erziehung, Kunst, Ritualen und gesellschaftlichen Verhaltensregeln.
Unter seiner Anleitung erhielt die Familie zum ersten mal eine zentrale Stellung in den konfuzianischen Lehren.
Frühere Werke über Rituale und Zeremoniell befassten sich mit staatlichen Zeremonien, mein Buch richtet sich hingegen an Familien.
《家礼》Die Familienrituale
Höflichkeitsregeln für den Alltag
Bekleidungsvorschriften
Hochzeiten
Begräbnisse
Ahnenverehrung mit Darbringung von Opfergaben

Spätere Generationen stellten Zhu Xis Gedanken in vereinfachter Form zu einer Lektüre für Kinder zusammen.
Die Drei-Zeichen-Klassiker
三字经
Dieses Buch vermittelt Kindern sowohl familiäre Werte als auch praktisches Wissen.
Jeder Satz besteht aus nur drei Schriftzeichen, wodurch es sich sehr leicht einprägen lässt.
Heute kann so gut wie jeder Chinese die ersten Verse des Drei-Zeichen-Klassikers auswendig rezitieren.
人之初 Die Menschen sind zu Anfang
性本善 von guter Natur.
性相近 In ihren Veranlagungen ähneln sie sich.
习相远 Durch ihre Gewohnheiten unterscheiden sie sich.

Zhu Xi und andere Neokonfuzianer trieben die neokonfuzianische Bewegung zu neuen Höhenflügen an.
Ihr neokonfuzianisches Weltbild und ihre neokonfuzianische Lehrdoktrin erlangten durch den Buchdruck weite Verbreitung in der Bevölkerung.
Während einer Epoche, die von ständigen Invasionen durch ausländische Volksstämme geprägt war, lieferten die Neokonfuzianer eine Antwort auf die grosse Fragestellung, was Chinesischsein ausmacht, und halfen bei der Herausbildung einer chinesischen Identität.

Im Jahr 1194 wurde Zhu Xi zum kaiserlichen Berater ernannt.
Aber bald fand er sich zwischen den Fronten in einer Auseinandersetzung zwischen zwei rivalisierenden Fraktionen wieder und wurde in deren Kämpfe hineingezogen.
Wir müssen einen Feldzug gegen die Jin im Norden starten, um die Zentral-chinesische Ebene zurück-zugewinnen!
Die Song verfügen nicht über genügend Kavallerie oder Aus-rüstung, um einen Krieg gegen die Reiterkrieger der Barbaren wagen zu können.
Han Tuozhou (1152 - 1207), ein Militäroffizier aus einem Familienklan einer kaiserlichen Konkubine
Zhao Ruyu (1140 - 1196), ein aus der Kaiserfamilie stammender Kanzler.
Song-Kaiser Ningzong (1168 - 1224)
Wir sollten zuerst, gestützt auf den Neokonfuzianismus, unsere Position im Inneren stärken und erst dann gegen äussere Bedrohungen vorgehen.

Der Kaiser befürwortete den Krieg und unterstützte somit die Position des Militärs.
Den ganzen Tag sitzt du in deiner Kammer und machst nichts anders, als dich deiner neokonfuzianischen Lehre zu widmen. Du besitzt kein Rückgrat.
Verbannt Zhao Ruyu, Zhu Xi und 59 weitere bekannte Anhänger des Neokonfuzianismus! Verbietet die neokonfuzianischen Lehren!
Zhu Xi konnte sich nur 40 Tage am Kaiserhof in seinem Amt halten, und schon wurde er in die Verbannung geschickt.
Er starb als in Ungnade Gefallener einige Jahre später im Jahr 1200.

Im Jahr 1206 führte Han Tuozhou einen Feldzug gegen den Norden aus.
Die Armee der Jin startete daraufhin einen Gegenangriff.

Der Feldzug gegen den Norden scheiterte. Der Song-Kaiser Ningzong benötigte daraufhin dringend eine Form von kultureller Kraft, um einen gesellschaftlichen Konsens wiederherzustellen.
Restauriert den Neokonfuzianismus. Alle Schulen müssen die von Zhu Xi zusammengestellten Lehrpläne verwenden.

Das Mongolische Reich

(1206 – 1368)

Als die Südliche Song und die Jin damit beschäftigt waren, einander in Kriegen zu zermürben, schlossen sich die Angehörigen eines nomadischen Volkssstammes unter einem einheitlichen Bündnis zusammen.
Diese Konföderation würde später als das Mongolische Reich bekannt werden.
Im Jahr 1206 nahm ihr Anführer den Titel Genghis Khan an, was „Herrscher unter Herrschern" bedeutet.

Im 13. Jahrhundert fegten die mongolischen Reiterkrieger über Asien und Osteuropa hinweg und errichteten dabei das Imperium mit der grössten Landmasse in der menschlichen Geschichte.

China bildete gleichzeitig den Ausgangspunkt sowie den Höhepunkt bei der mongolischen Eroberung der Welt.

Die Mongolen stammen von den Shiwei (einem Zweig der Khitan/Qidan), den Mohe (den Vorfahren der Jurchen/Nüzhen) und den Huihu (den Vorfahren der Uighuren) ab.

Das gigantische Mongolische Reich nahm seinen Anfang mit der Geschichte eines Mannes — Temujin (1162 – 1227).
Er war in die Familie eines Stammeshäuptlings hineingeboren worden und wuchs in einem toxischen, instabilen Umfeld während einer Epoche voller Umwälzungen auf.

Er musste mit ansehen, wie sein Vater ermordet wurde.
Temujin zog gegen mehr als 100 Stämme in den Krieg, um die Mongolen unter seiner Herrschaft zu einen.
Gibt es im menschlichen Leben eine grössere Freude, als seine Feinde zu töten, ihre Besitztümer zu rauben und ihnen ihre Frauen und Töchter zu entreissen?

Nachdem Temujin sich selbst zum Genghis Khan ernannt hatte, wurde die Jin-Dynastie zu seinem ersten Angriffsziel.

(in Millionen)	Bevölkerung	Anzahl Soldaten
Mongolen	0,7	0,1
Jin	54	1
Song	80	0,8
Xia	1,2	0,6

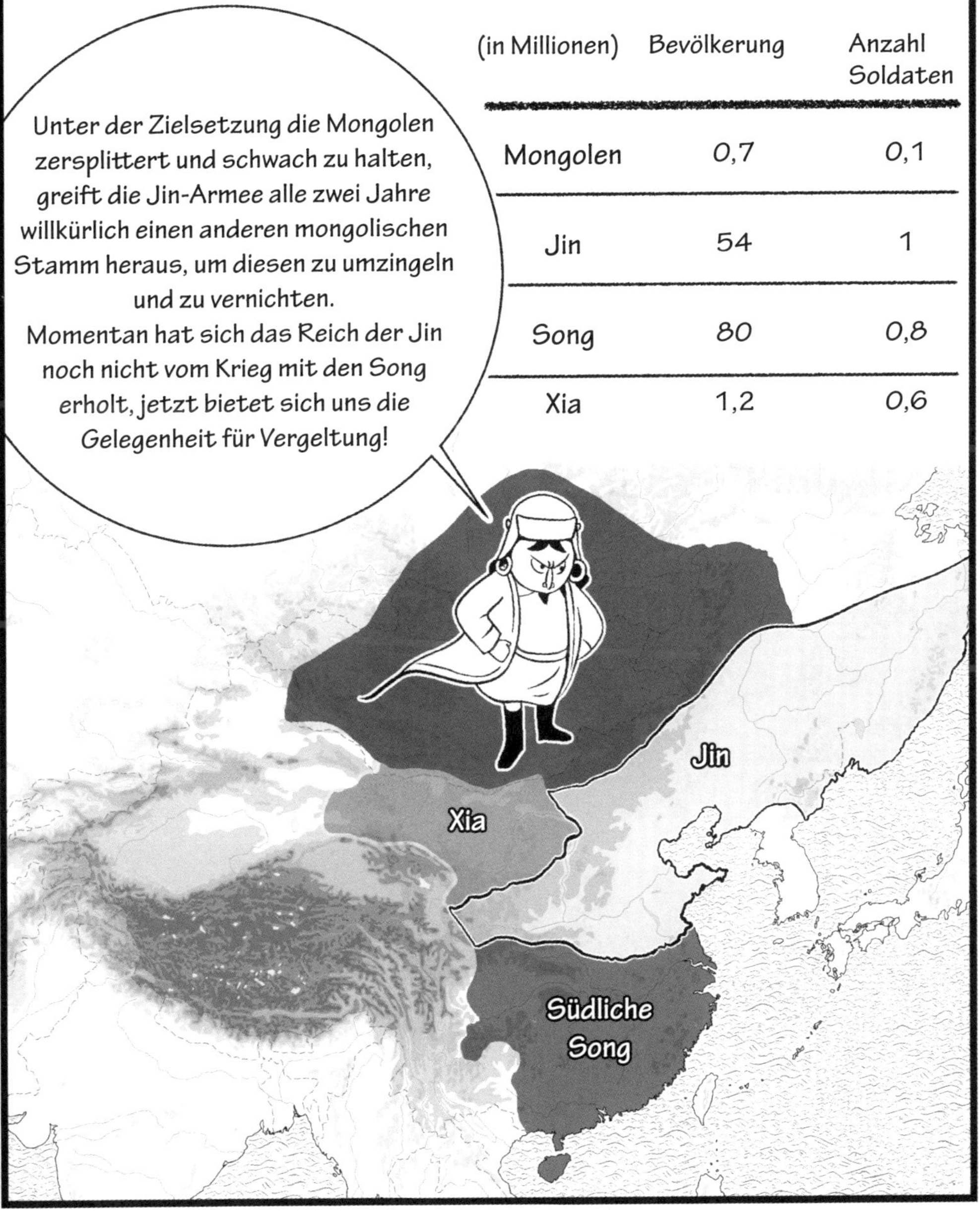

Die mongolische Welteroberung beginnt

Im Jahr 1121 sandten die Mongolen ein Heer von 90'000 Reiterkriegern aus, um eine Invasion des Jin-Reiches zu starten. Sie liessen nur 2000 Soldaten zum Schutz ihrer Heimbasis zurück.

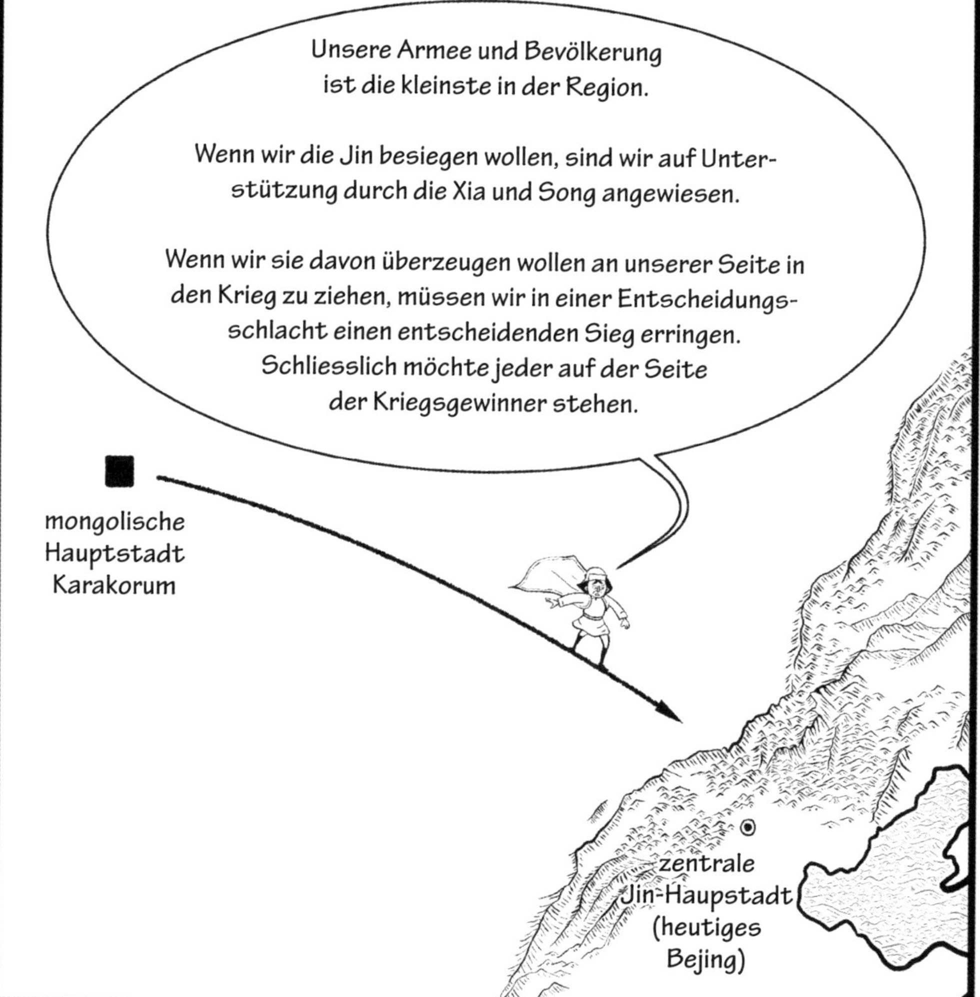

Im August erreichten die Mongolen die Verteidigungslinien der Jin, welche sich 200 Kilometer nördlich der Jin-Hauptstadt befanden.
Dieses Berggebiet wird Gebirgskette der Wildfüchse genannt, es gibt hier nur einen Gebirgspass. Wenn wir diesen Pass stürmen, dann können wir die nordchinesische Ebene im Sturm einnehmen.
Unsere 400'000 Jin-Soldaten erwarten Euch schon!
zentrale Jin-Haupstadt (heutiges Bejing)

Am Tage der Schlacht führte Genghis Khan seine Krieger zum Gebirgspass.
Stürmt los! Durchbrecht die vorderste Linie der feindlichen Verteidigungs-stellungen, zerschlagt dann den Kom-mandostab des Feindes und die Nach-schublinien hinter der Front.

Pfeile und Steine prasselten auf sie herab.

Die mongolischen Reiterkrieger stürmten kopfvoran in die Schlacht

Plötzlich brach hinter der Frontlinie innerhalb der Jin-Armee Chaos aus.

In der Nacht zuvor ....
Klettert vom Dachsmund aus auf die Berge. An dieser Stelle ist es so steil, dass der Feind nicht damit rechnen wird, dass wir von dort aus einen Angriff starten.
Dachsmund
Pass an der Gebirgskette der wilden Füchse
10 Kilometer
Kommandozentrale und Nachschubbasis der Jin-Armee

Während der Angriff am Gebirgspass die Aufmerksamkeit der Jin-Truppen fesselte, erklomm eine mongolische Division heimlich die Berghänge ….
nahm die Wachtürme ein …
… und bewegte sich am Bergrücken voran, um die Jin-Soldaten von der Rückseite aus dem Hinterhalt her anzugreifen.

Der Überraschungsangriff aus dem Hinterhalt brachte die Verteidigungslinien der Jin-Armee durcheinander, die mongolischen Reiterkrieger erhielten nun die Chance, durch den Gebirgspass zu brechen und darauf die feindliche Kommandozentrale mitsamt der Nachschubbasis zu zerstören.
Als die Jin-Soldaten die Vorgänge wahrnahmen, flohen sie panisch in alle Richtungen davon.

Die grosse Schlacht vom Dachsmund zählt zu den blutigsten Schlachten in der Menschheitsgeschichte. Die Jin verloren fast sämtliche ihrer 400'000 Mann starken Truppen.
Die Mongolen betrachteten die Schlacht als den wichtigsten Sieg und glorreichsten Triumph auf dem Weg zur Konsolidierung ihres Weltreiches.

Die Jin-Dynastie geriet nach dieser vernichtenden militärischen Niederlage in die Isolation.

Die Westliche Xia schloss sich einer militärischen Allianz mit den Mongolen an und führte mehr als ein Jahrzehnt lang gegen die Jin Krieg.
Um einen Teil seiner territorialen Verluste wiedergutzumachen, griff die Jin die Südliche Song an.

Einige Jahre nach der Schlacht am Dachsmund musste die Jin so gleichzeitig Kriege an drei Fronten austragen.

Die Mongolen andererseits hatten eine regionale Vormachtstellung errungen und befanden sich auf einem rapiden Expansionskurs, bei dem sie nach weiter entfernten Territorien Ausschau hielten, um diese für neue Eroberungen in Betracht zu ziehen.

Die Vernichtung der Xia und der Jin

Im Jahr 1224 wurde Genghis Khan durch eine neuen Entwicklung alarmiert:
Die Westliche Xia begann damit, seiner Herrschaft offen Widerstand entgegenzusetzen.

Genghis Khan beantwortete diese Trotzhaltung mt niederschmetternder Gewalt und führte mit einer überwältigenden Übermacht eine Strafexpedition gegen die Westliche Xia aus. Im Jahr 1227 zerstörte seine Armee die Xia-Hauptstadt.

Dieser Sieg kostete Genghis Khan sein Leben, denn während der Schlacht verstarb er an einer unerwartet ausbrechenden Krankheit.

Nachdem Ögedei Khan seine Nachfolge angetreten hatte, wurde die militärische Expansion in die chinesischen Gebiete im Süden fortgesetzt.
Das Reich der Jin besass zu diesem Zeitpunkt bereits nicht mehr die Kräfte, um die verzweifelte Situation noch umzukehren und gegenüber den Eroberungsbestrebungen der Mongolen standzuhalten.

Die Südliche Song griff die Jin von Süden an, in der Hoffnung bereits seit langem verlorenes Territorium in Nordchina wiederzuerlangen.

Im Jahr 1234 brach der letzte Widerstand der Jin-Armee vollständig zusammen, das Jin-Reich stand vor seinem Untergang.

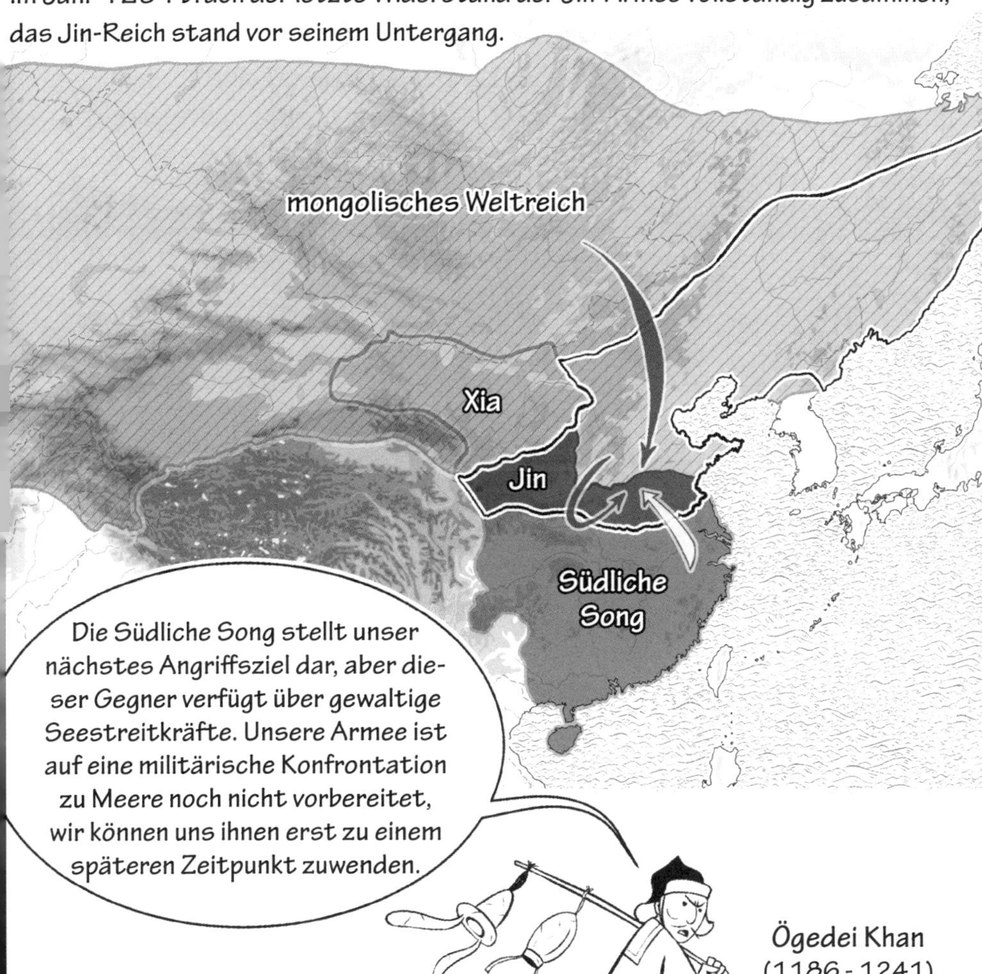

Die Südliche Song in noch nie dagewesener Blüte am Vorabend der mongolischen Eroberung

Neben unseren riesigen Landstreitkräften verfügen wir noch über eine Marine mit über 52'000 Marinesoldaten und 22 Flotten an Kriegsschiffen.
Unsere von Schaufelrädern angetriebenen Schiffe sind mit Katapulten bestückt, welche Brandbomben abfeuern können.

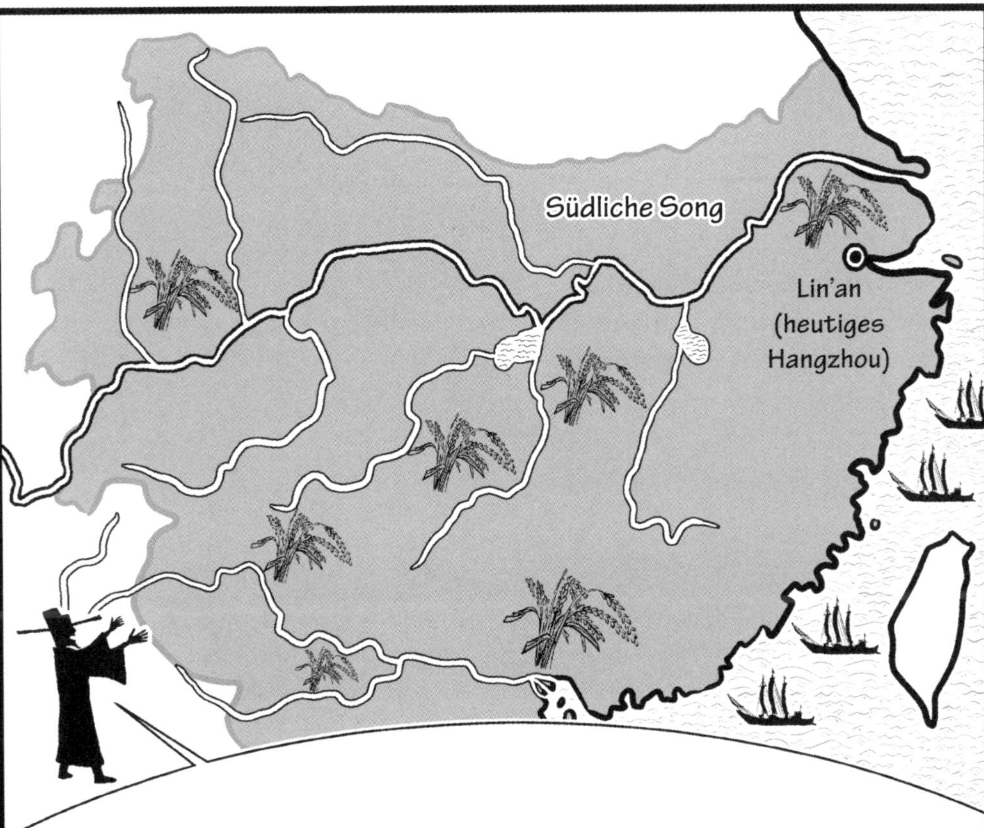

Zum Glück verfügen wir über geographische und wirtschaftliche Vorteile und können uns damit gewaltige Militärausgaben leisten.

Die Mehrheit der chinesischen Reisanbaugebiete

Ein riesiges Schifffahrtsverkehrsnetz
auf Binnengewässern im Landesinneren

Eine lange Küstenlinien mit Seehäfen,
die sich für den internationalen Handel eignen

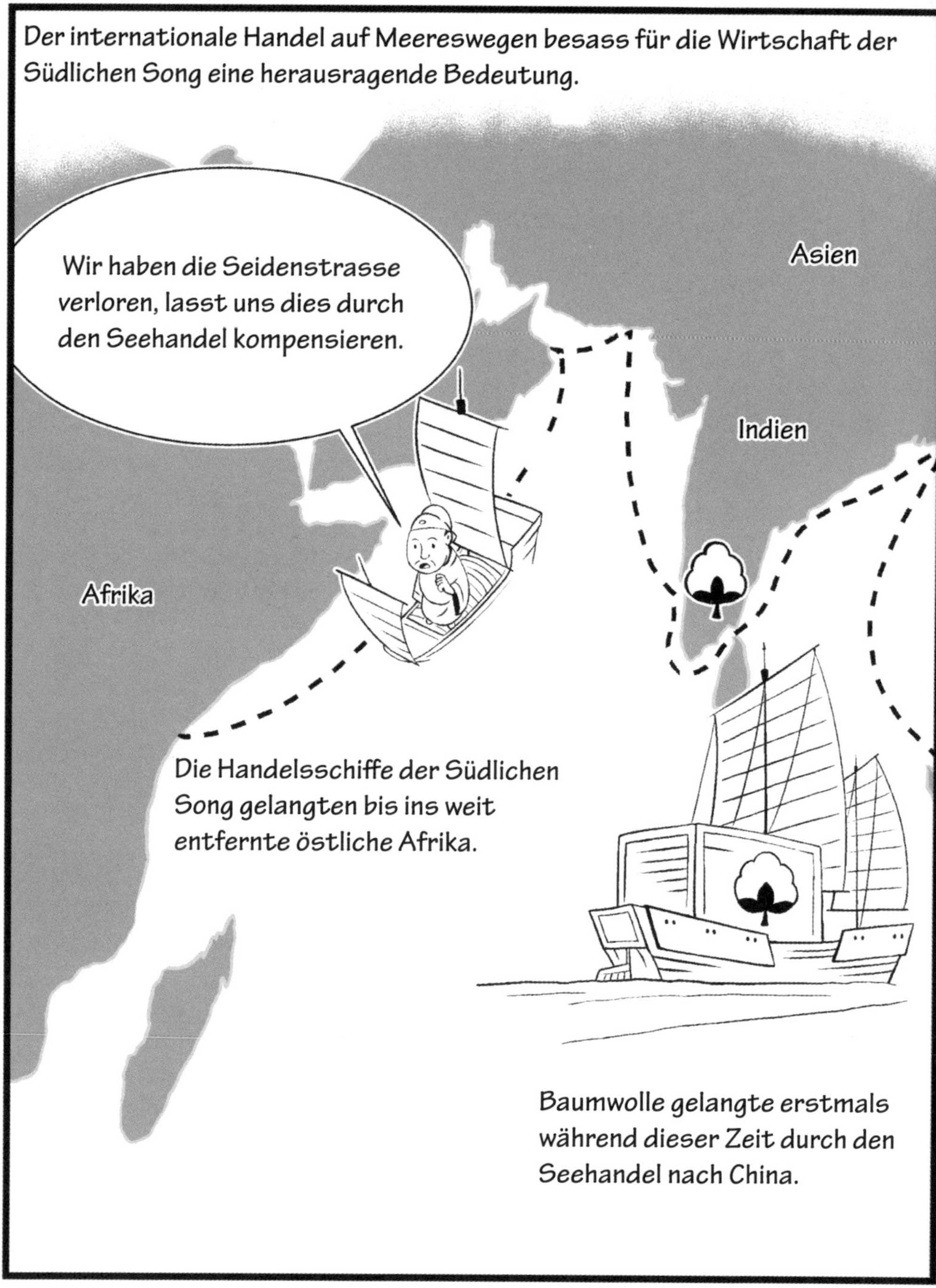
Der internationale Handel auf Meereswegen besass für die Wirtschaft der Südlichen Song eine herausragende Bedeutung.
Wir haben die Seidenstrasse verloren, lasst uns dies durch den Seehandel kompensieren.
Asien
Indien
Afrika
Die Handelsschiffe der Südlichen Song gelangten bis ins weit entfernte östliche Afrika.
Baumwolle gelangte erstmals während dieser Zeit durch den Seehandel nach China.

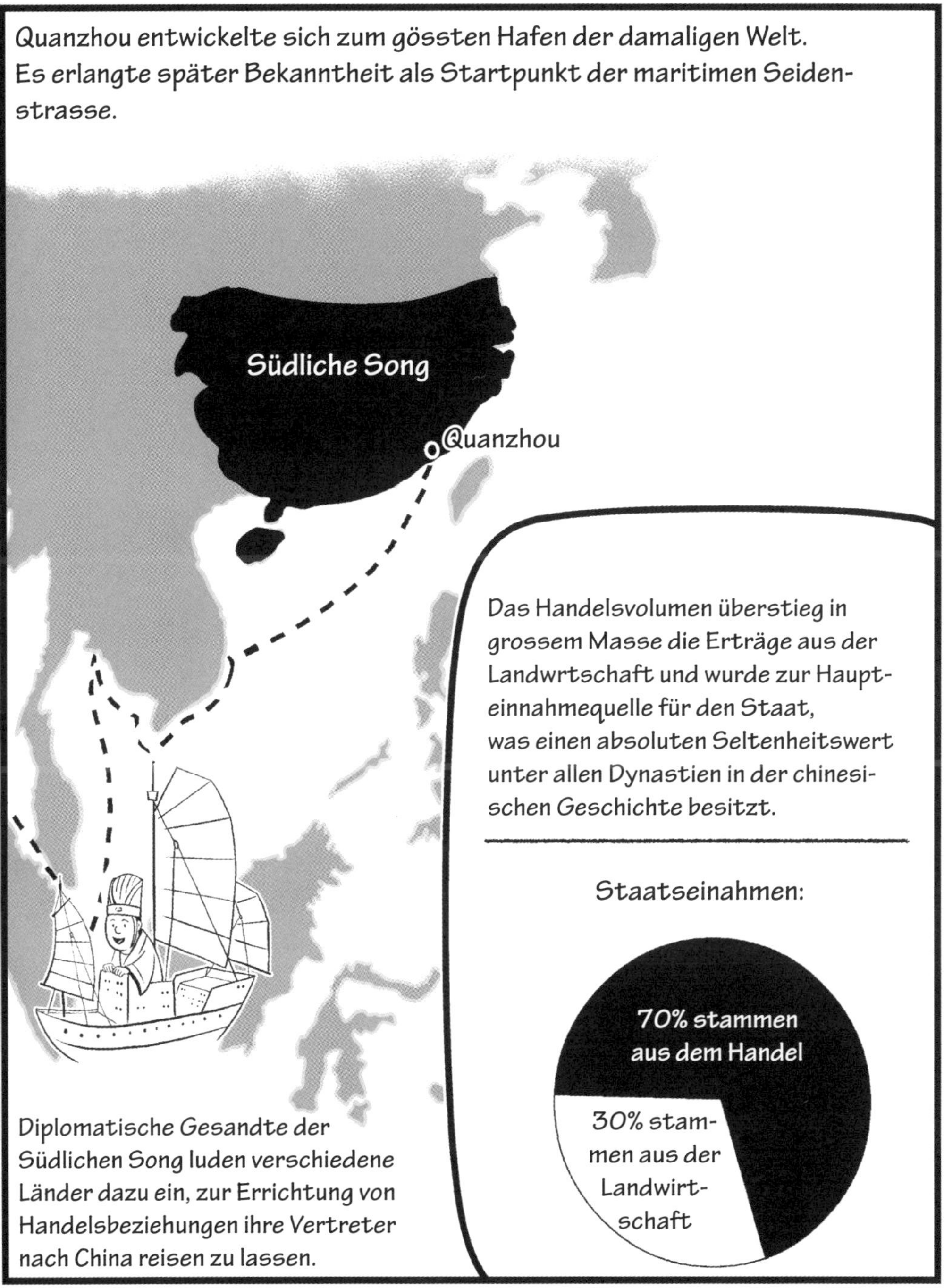
Quanzhou entwickelte sich zum gössten Hafen der damaligen Welt.
Es erlangte später Bekanntheit als Startpunkt der maritimen Seidenstrasse.
Südliche Song
Quanzhou
Das Handelsvolumen überstieg in grossem Masse die Erträge aus der Landwrtschaft und wurde zur Haupteinnahmequelle für den Staat, was einen absoluten Seltenheitswert unter allen Dynastien in der chinesischen Geschichte besitzt.
Staatseinahmen:
70% stammen aus dem Handel
30% stammen aus der Landwirtschaft
Diplomatische Gesandte der Südlichen Song luden verschiedene Länder dazu ein, zur Errichtung von Handelsbeziehungen ihre Vertreter nach China reisen zu lassen.

Der Handel veränderte das Leben der bäuerlichen Bevölkerung.
Vor Beginn der Song-Dynastie hatte sich das ländliche Leben in den Dörfern während Jahrtausenden kaum verändert.
Wir bauen unsere Nahrung an und bezahlen die Steuern in Form von Teilen unserer Ernte.
Wir kaufen einmal im Jahr Kleider und Salz ein.
In den meisten Fällen sitzen wir an einem Ort fest.

Unter der handelsfreundlichen Regierungspolitik der Südlichen Song konnten viele Familien Getreidesorten für den Weiterverkauf anbauen oder handwerkliche Produkte herstellen.
Ich verkaufe meine Produkte für Geld und entrichte meine Steuern in Bargeld.
Gemüse
Alkohol
Kohle
Papier
Textilien
Jetzt kann jemand wie ich aus dem einfachen Volk auf der Suche nach Verdienstmöglichkeiten zur Existenzsicherung überallhin herumreisen, das ist ein Novum in der Geschichte.

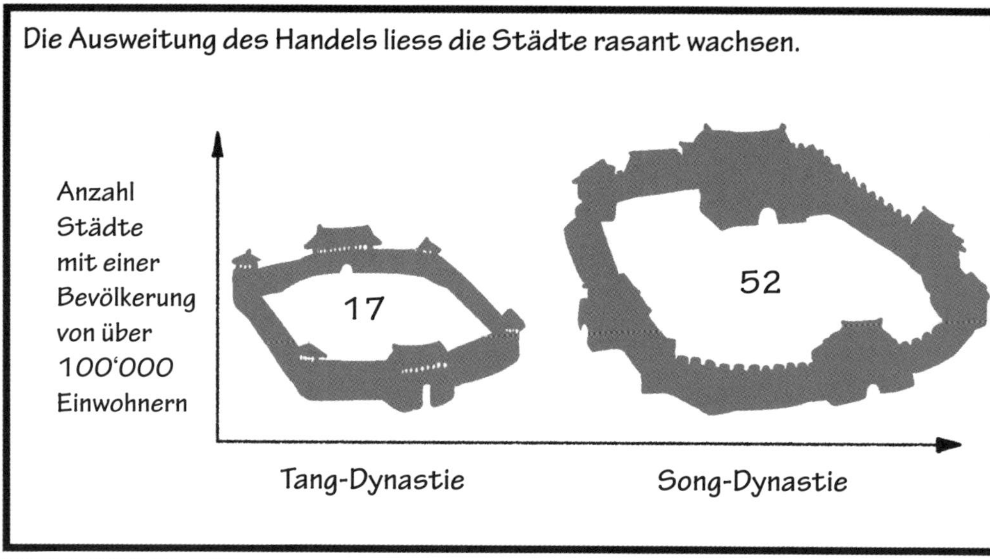
Die Ausweitung des Handels liess die Städte rasant wachsen.
Anzahl Städte mit einer Bevölkerung von über 100'000 Einwohnern
17
52
Tang-Dynastie
Song-Dynastie

Händler aus alles Teilen des Landes strömten in die Städte, um Handel zu treiben. Für diejenigen unter ihnen, die Beziehungen besassen, bestanden schnelle und einfache Wege, ein Vermögen zu machen.
Die allermeisten betrieben jedoch kleine Unternehmen, die nur Investitionen mit geringem Kapital verlangten.

Manch ein Angehöriger der herrschenden Eliten schauten auf die Handeltreibenden herab.
Diese Leute kaufen und verkaufen Güter, die andere hergestellt haben. Sie streben nur nach Profit. Welchen Beitrag leisten sie schon für die Gesellschaft?

Um ihre Interessen zu schützen, schlossen sich die Händler in Gilden zusammen.
Diese Vereinigungen verhandelten mit der Regierung in Angelegenheiten wie dem Steuersystem, der Rechtssprechung oder anderen öffentlichen Angelegenheiten.

In den grösseren Städten wurde ein Lebenstil, der einst der kaiserlichen Familie und dem Adel vorbehalten gewesen war, allmählich für die allgemeine Bevölkerung zugänglich.
Normale Bürger konnten sich der Kalligraphie, Malerei, Poesie oder dem Verfassen von Essays widmen oder Opernspiel, Musik und Tanz erlernen.

Die Mongolen sind zurück!

Gerade zu dem Zeitpunkt, als die Hauptstadt und die Wirtschaft der Song sich in einer noch nie dagewesenen Blüte befanden, kehrten die Mongolen zurück, bereit zum neuerlichen Angriff. Dies verhinderte, dass die Urbanisierung und der Handel eine dauerhafte Veränderung über China hätten bringen können.

Zu diesem Zeitpunkt lag der erste militärische Konflikt zwischen den Song und den Mongolen bereits 20 Jahre zurück. Aber dieses Mal waren die Mongolen viel mächtiger geworden.

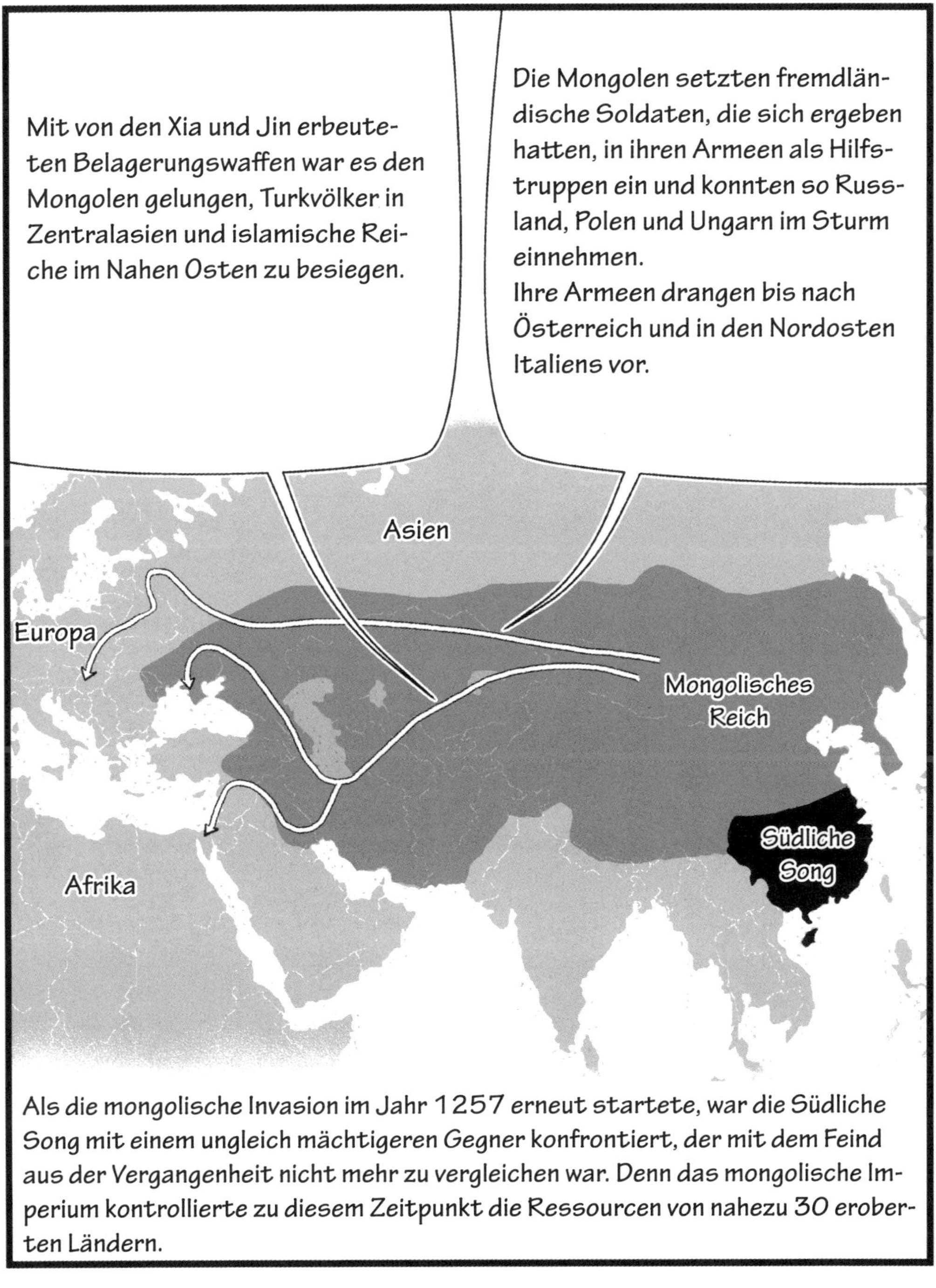
Mit von den Xia und Jin erbeuteten Belagerungswaffen war es den Mongolen gelungen, Turkvölker in Zentralasien und islamische Reiche im Nahen Osten zu besiegen.
Die Mongolen setzten fremdländische Soldaten, die sich ergeben hatten, in ihren Armeen als Hilfstruppen ein und konnten so Russland, Polen und Ungarn im Sturm einnehmen.
Ihre Armeen drangen bis nach Österreich und in den Nordosten Italiens vor.
Asien
Europa
Mongolisches Reich
Südliche Song
Afrika
Als die mongolische Invasion im Jahr 1257 erneut startete, war die Südliche Song mit einem ungleich mächtigeren Gegner konfrontiert, der mit dem Feind aus der Vergangenheit nicht mehr zu vergleichen war. Denn das mongolische Imperium kontrollierte zu diesem Zeitpunkt die Ressourcen von nahezu 30 eroberten Ländern.

Ein kleines „Anglerstädtchen“

Der grosse Khan des Mongolischen Reiches führte den Feldzug seiner Truppen persönlich an. Es war ihnen gelungen, unterwegs sämtliche Gegner aus dem Weg zu räumen, und sie waren auf dem Schlachtfeld unbesiegt geblieben, bis sie eine kleine Festung auf einem Hügel erreichten — das „Anglerstädtchen“ (Diaoyucheng).

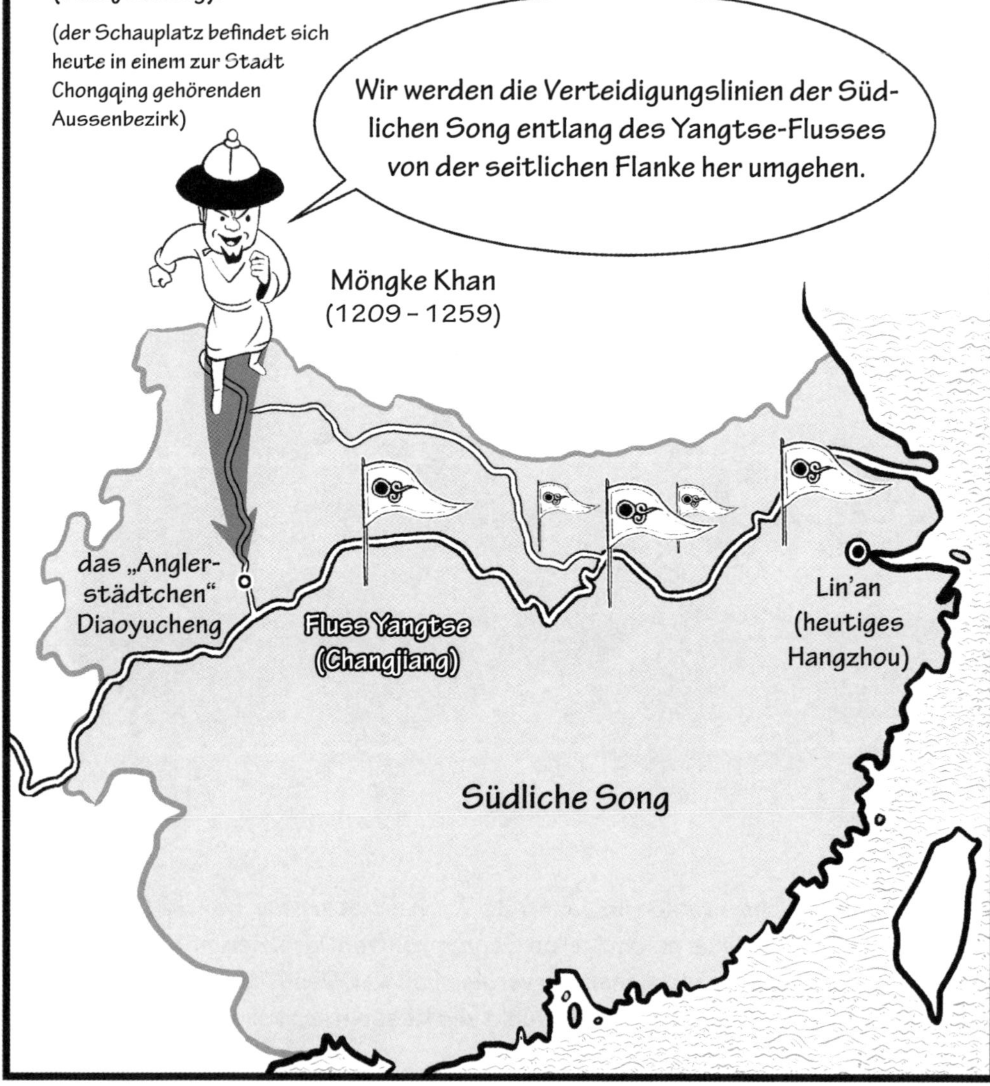

Diese kleine Stadtfestung versperrt den Weg über den Fluss, unsere Armee kommt nicht weiter voran.
Nehmen wir sie im Sturm ein!
Diaoyucheng

Das klitzekleine „Anglerstädchen“ Diaoyucheng hielt dem ersten Angriffsversuch der mongolischen Armee stand.
Und es konnte sich ebenfalls gegen mehr als 200 darauffolgende Angriffe behaupten, die in einer Zeitspanne von 36 Jahren erfolgten, bis ganz zum letzten Ende der Südlichen Song.
Das „Anglerstädtchen“ Diaoyucheng wurde zu einer Legende, und zwar nicht nur aufgrund seiner Wehrhaftigkeit.
Im Jahr 1259 wurde der Herrscher der Mongolen Möngke Khan beim Versuch, die Festung einzunehmen, getötet.
Sein Tod wurde zum Auslöser für das Auseinanderbrechen des Mongolischen Reiches!

Das Auseinanderbrechen des Mongolischen Reiches

Nach dem Tode von Möngke Khan rief sein jüngster Bruder alle mongolischen Anführer dazu auf, ihre weltweiten Eroberungsfeldzüge zu unterbrechen und schnellstmöglichst in die Hauptstadt zurückzukehren.

Wurden alle Vorbereitungen für die Versammlung schon getroffen?
Wir warten immer noch auf Ihren älteren Bruder Kublai.
Karakorum
Kublai liess sich nicht blicken. Stattdessen ernannte er sich im Jahr 1260 selbst zum Grossen Khan.
Kublai Khan (1215 - 1294)
Xanadu

Bald darauf brach ein Bürgerkrieg los, wodurch das Mongolische Reich in vier unabhängige Reiche mit eigenständigen Khanen zerbrach.

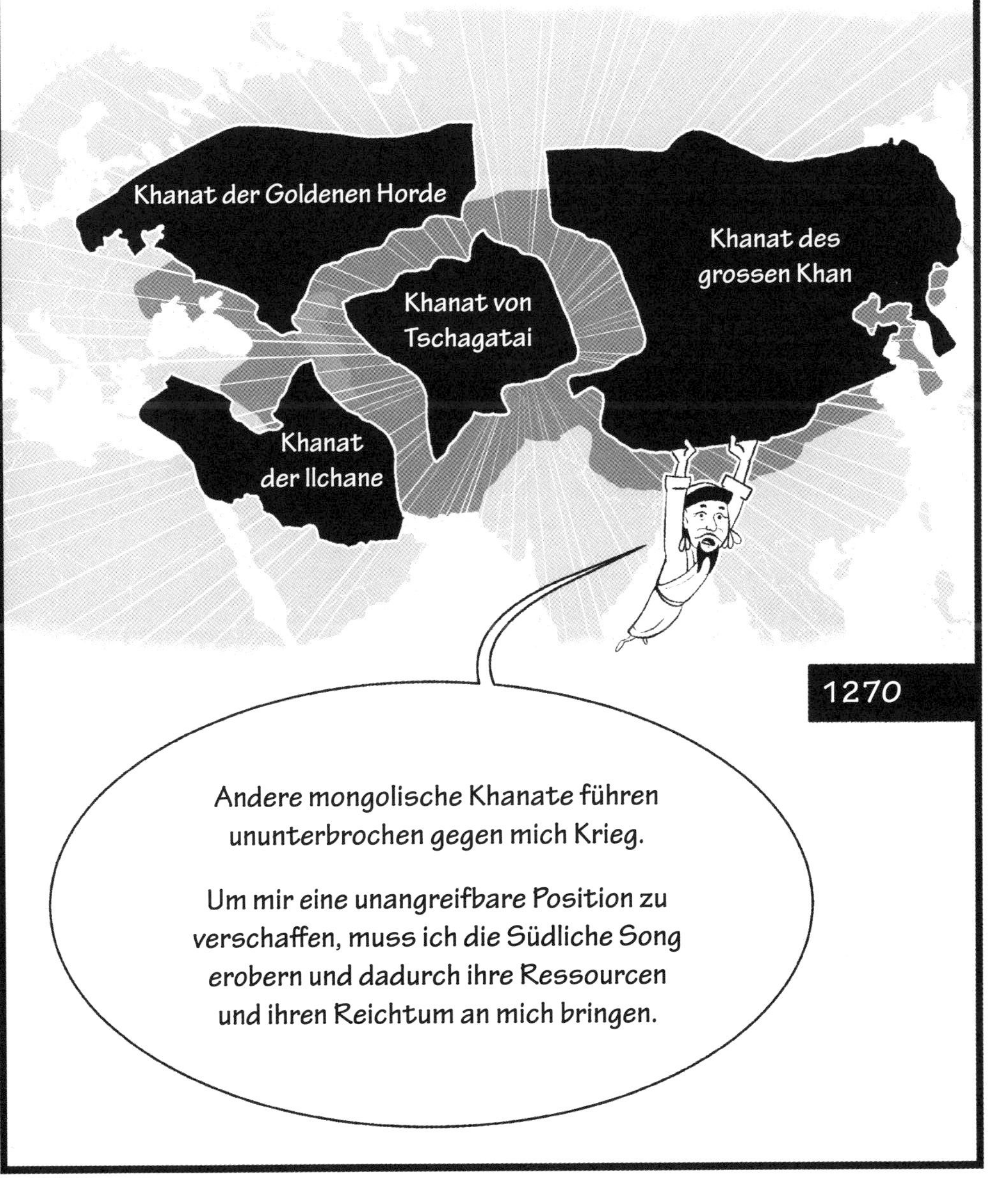

Um seine Eroberungen für die Song-Chinesen „akzeptabler" erscheinen zu lassen, nahm Kublai Khan in Vorbereitung auf die Invasion der Südlichen Song für sein Reich einen chinesischen Namen an.

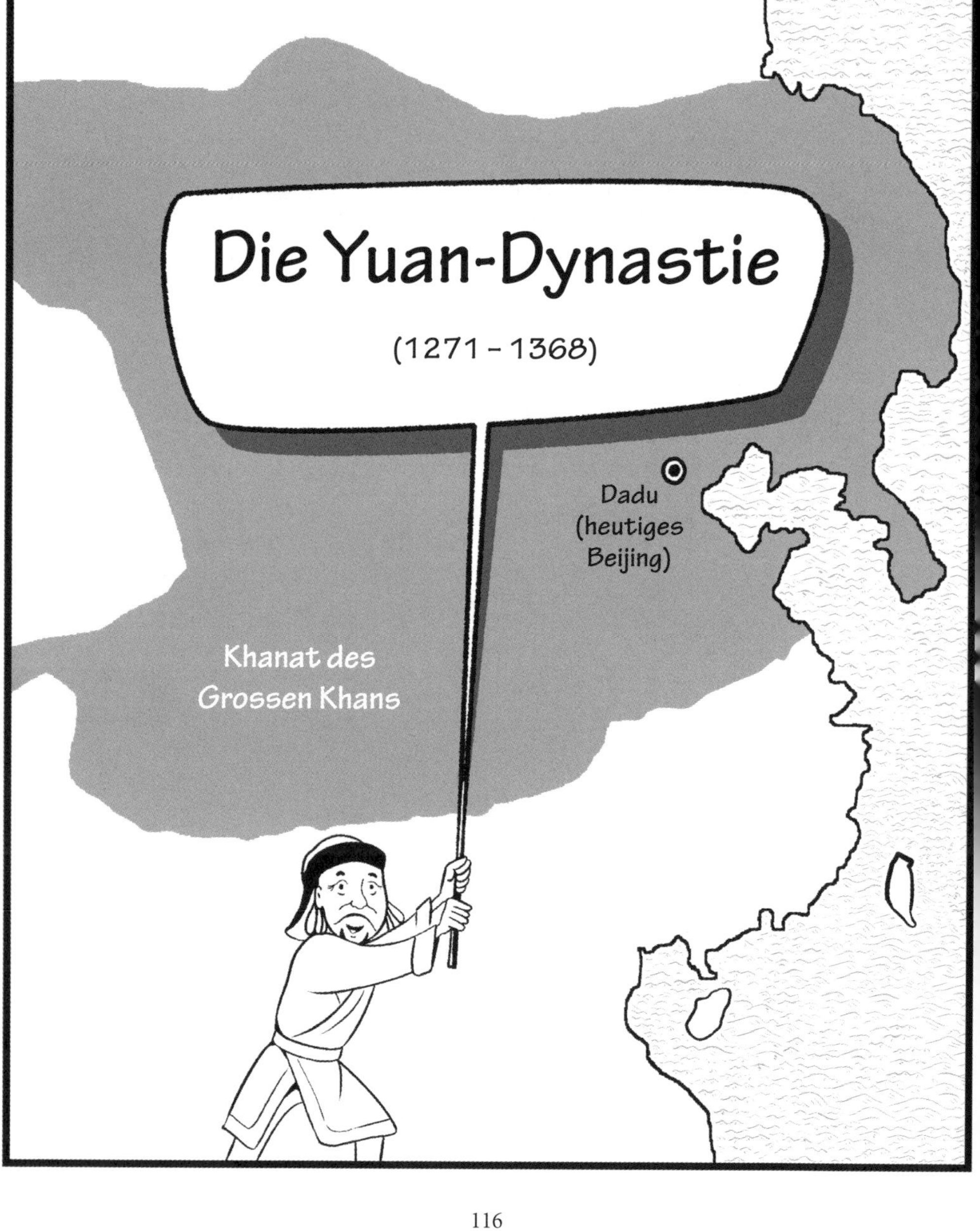

Die Schlacht von Xianyang

Kublai Khan wählte die Stadt Xianyang als Einfallstor für seine Eroberung der Südlichen Song aus.

Aus annähernd 100'000 Mann bestehende Truppen der Yuan-Dynastie belagerten Xianyang. 8000 Soldaten der Verteidigungstruppen der Südlichen Song mitsamt den 200'000 Einwohnern waren in der Stadt eingeschlossen.
Entsendet Kundschafter, um vom Kaiserhof militärische Verstärkung zu erbitten.

Erhöht die Anzahl der Kanonen auf den Stadtmauern von 16 auf 98.
Gruppiert jeweils fünf Familien zu einer Einheit. Diese Organisation wird es uns ermöglichen, mongolische Spione aufzudecken.

In der Schlacht benötigen wir jeden Tag 10'000 Pfeile. Weil unsere Bestände niedrig sind und der Nachschub nich ausreicht, müssen unsere Spezialeinheiten nachts in die feindlichen Lager eindringen, um Pfeile aus den mongolischen Beständen zu erbeuten.
Es gibt da ein Problem!
Als die Bevölkerung im Umkreis der Stadt vor dem Krieg in die Stadt geflüchtet ist, haben die Menschen tausende ihrer Haushunde ausserhalb der Stadtmauern zurückgelassen, und diese streunen nun herrenlos umher.

Sobald die Hunde Menschen sehen, bellen sie, und das wird uns auffliegen lassen.

Könnt ihr nicht Fallen aus Bambuskörben aufstellen, um die Hunde einzufangen?
Auf diese Weise könnt ihr ausser den erbeuteten Pfeilen auch noch was zum Essen zurückbringen.

Nachdem das fünfte Jahr der Belagerung angebrochen war, mussten die Verteidiger der Song mit jedem verstreichenden Tag mit immer weniger Ausrüstung zurechtkommen, ihre Versorgungslage wurde immer enger.
Die Mongolen haben die letzte Landverbindung zu unserer Stadt abgeschnitten. Jetzt sind ihre Seestreitkräfte gerade dabei, unsere Nachschublinien über den Fluss zu kappen.
Was ist das dort drüben?

Das war Kublai Khans Geheimwaffe – ein Katapult mit Gegengewicht (auch bezeichnet als Bilde/Tribok/Trebuchet).
Ich habe davon gehört, dass solche Waffen früher während der weiten Feldzüge der Mongolen gegen Westen benutzt wurden. Ich habe Ingenieure aus dem Nahen Osten engagiert, um für Xianyang eine Reihe dieser Belagerungsgeräte zu bauen.

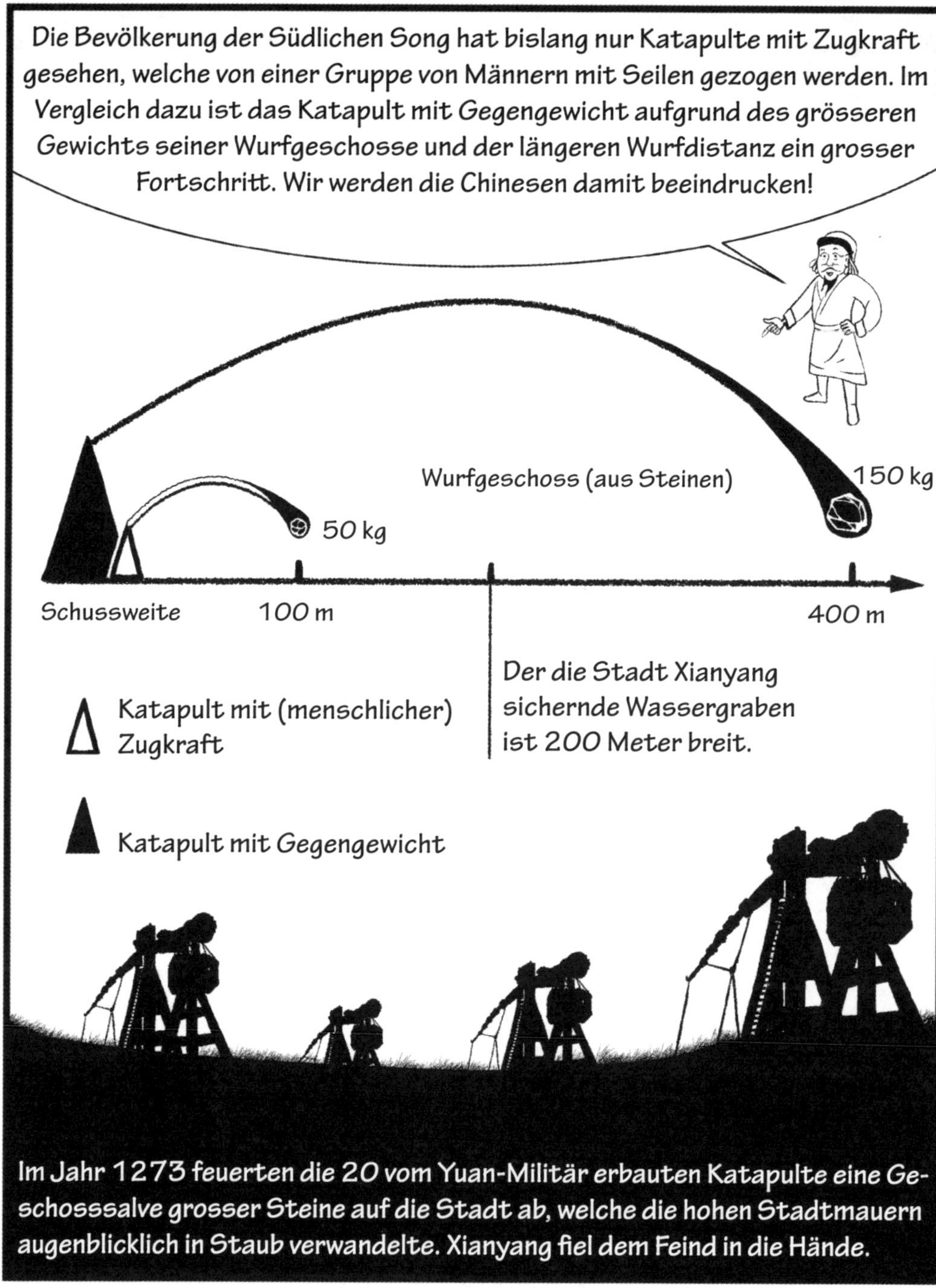
Die Bevölkerung der Südlichen Song hat bislang nur Katapulte mit Zugkraft gesehen, welche von einer Gruppe von Männern mit Seilen gezogen werden. Im Vergleich dazu ist das Katapult mit Gegengewicht aufgrund des grösseren Gewichts seiner Wurfgeschosse und der längeren Wurfdistanz ein grosser Fortschritt. Wir werden die Chinesen damit beeindrucken!
Wurfgeschoss (aus Steinen)
150 kg
50 kg
Schussweite
100 m
400 m
Der die Stadt Xianyang sichernde Wassergraben ist 200 Meter breit.
Katapult mit (menschlicher) Zugkraft
Katapult mit Gegengewicht
Im Jahr 1273 feuerten die 20 vom Yuan-Militär erbauten Katapulte eine Geschosssalve grosser Steine auf die Stadt ab, welche die hohen Stadtmauern augenblicklich in Staub verwandelte. Xianyang fiel dem Feind in die Hände.

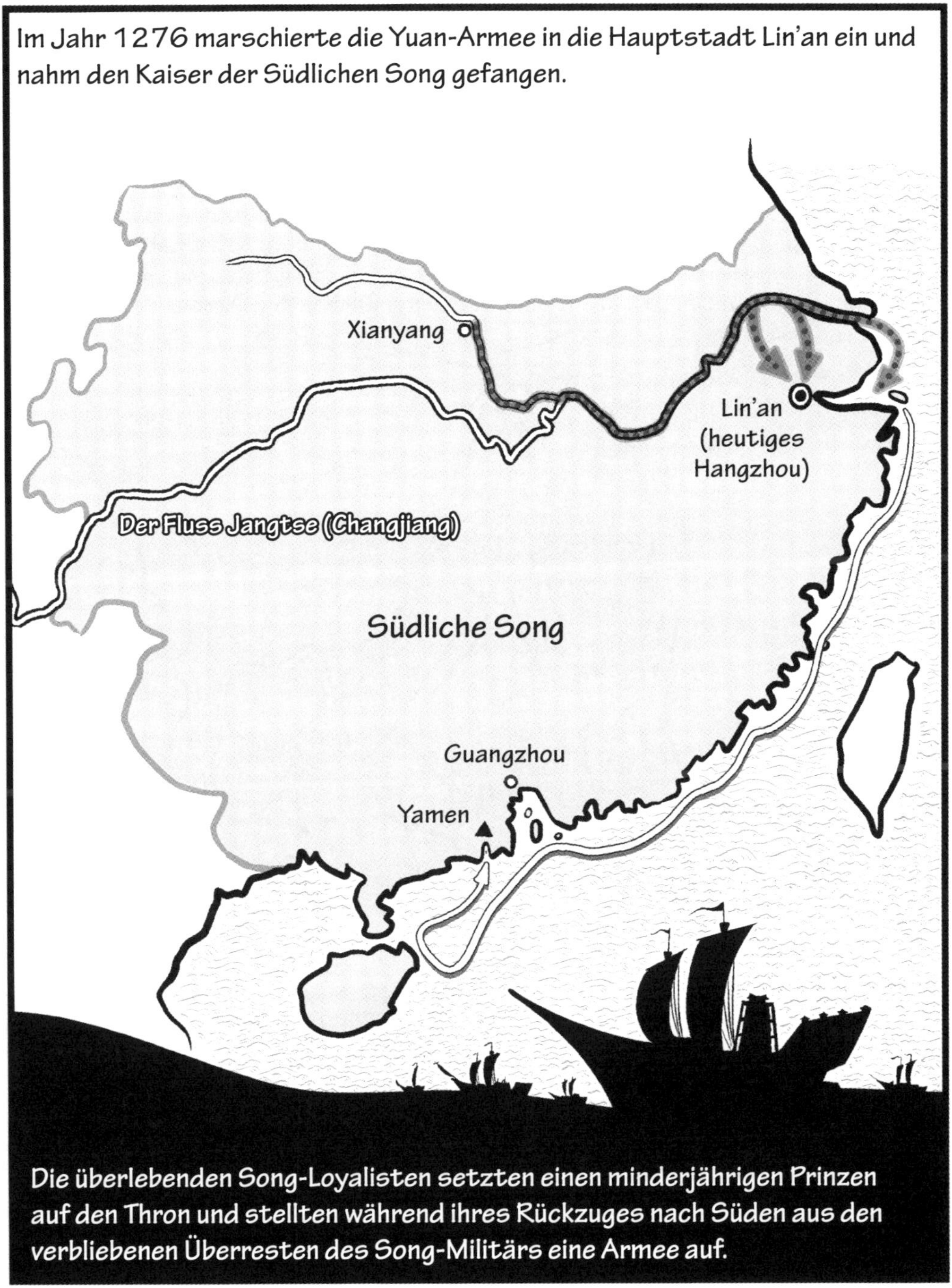
Im Jahr 1276 marschierte die Yuan-Armee in die Hauptstadt Lin'an ein und nahm den Kaiser der Südlichen Song gefangen.
Xianyang
Lin'an (heutiges Hangzhou)
Der Fluss Jangtse (Changjiang)
Südliche Song
Guangzhou
Yamen
Die überlebenden Song-Loyalisten setzten einen minderjährigen Prinzen auf den Thron und stellten während ihres Rückzuges nach Süden aus den verbliebenen Überresten des Song-Militärs eine Armee auf.

Der letzte Widerstand der Song-Chinesen

Im Jahr 1278 verstarb der Song-Kaiser im Alter von nur 9 Jahren, der 8jährige Zhao Bing trat die Thronfolge an.
Im Folgejahr jagten die Seestreitkräfte der Yuan-Dynastie dem verbliebenen Widerstand der Song bis nach Yamen nach. 1000 Kriegsschiffe der Südlichen Song mitsamt 200'000 ihrer Bürger, die darauf Zuflucht gesucht hatten, waren umzingelt. Die Menschen stammten aus allen sozialen Schichten, aus der Adelsschicht, der Beamtenschicht wie auch aus der einfachen Bevölkerung.

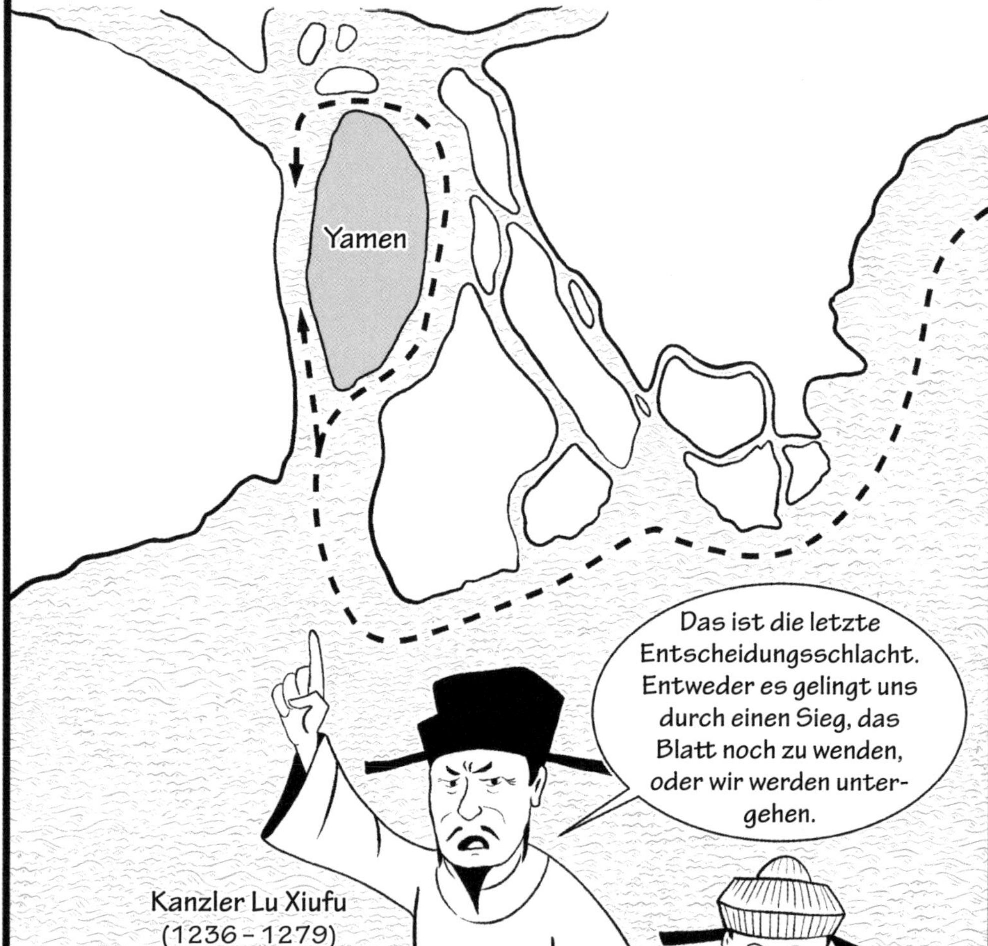

Wir ketten unsere Schiffe aneinander, um eine schwimmende Festung mit dem Drachenboot des Kaisers im Zentrum zu bilden.

Am 19. März des Jahres 1279 startete die Yuan-Armee die Generaloffensive.

Im Wissen, dass alles verloren war, kam der verzweifelte Lu Xiufu zum Kaiser.
Für unser Reich ist heute alles verloren. Wir dürfen uns auf keinen Fall gefangennehmen lassen und damit unsere Leiden verlängern, wodurch wir Misshandlung und Demütigung durch andere ertragen müssten.
Lu band den 8jährigen schreienden Jungen und das kaiserliche Jadesiegel an seinem Rücken fest …
… und sprang ins Meer, womit er das Ende der Song-Dynastie besiegelte.

In der Seeschlacht von Yamen verloren 100'000 Song-Chinesen das Leben, darunter befanden sich sowohl Soldaten als auch gewöhnliche Bürger.
Die mongolische Eroberung hatte die Landwirtschaft zum Erliegen gebracht, wodurch grossflächige Hungerkatastrophen ausgelöst wurden. Die Bevölkerung von China fiel von 140 Millionen auf 60 Millionen.

Das Leben unter mongolischer Herrschaft
Kublai Khan unterjochte seine neueroberten Untertanen unter ein rigides Militärregime.
Verboten ist die geheime Aufbewahrung von Waffen
Es ist der Bevölkerung verboten, sich selbst in Vereinen zu organisieren
Verboten sind öffentliche Versammlungen
Verboten sind religiöse Andachten in Gruppen
Verboten sind Unterhaltungsveranstaltungen nach Einbruch der Dunkelheit
Jeder Haushalt muss eine Liste der Namen aller Familienmitglieder erstellen und diese beim Hauseingang zu Zwecken der Inspektion aufhängen.

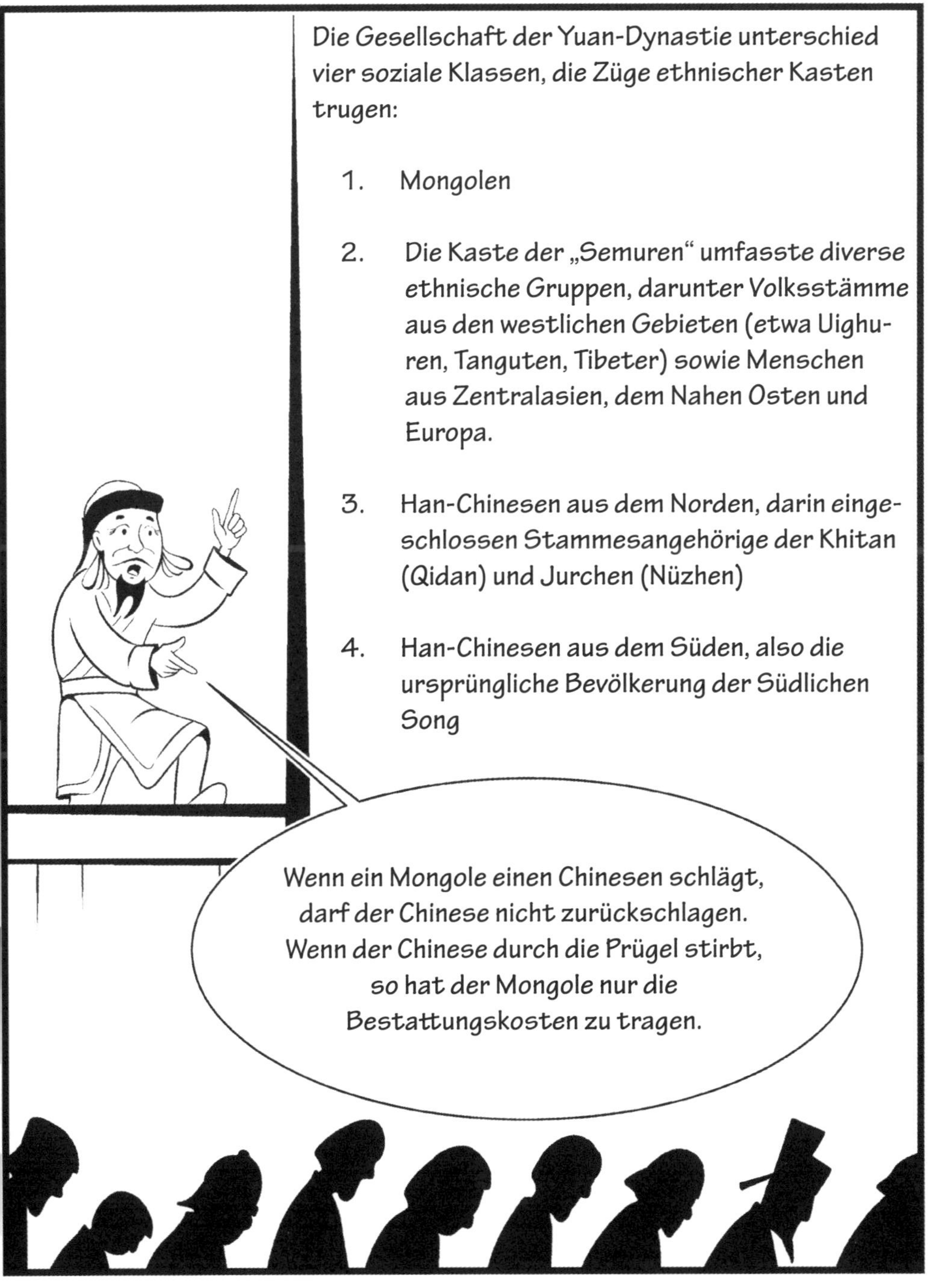
Die Gesellschaft der Yuan-Dynastie unterschied vier soziale Klassen, die Züge ethnischer Kasten trugen:
1. Mongolen
2. Die Kaste der „Semuren“ umfasste diverse ethnische Gruppen, darunter Volksstämme aus den westlichen Gebieten (etwa Uighuren, Tanguten, Tibeter) sowie Menschen aus Zentralasien, dem Nahen Osten und Europa.
3. Han-Chinesen aus dem Norden, darin eingeschlossen Stammesangehörige der Khitan (Qidan) und Jurchen (Nüzhen)
4. Han-Chinesen aus dem Süden, also die ursprüngliche Bevölkerung der Südlichen Song
Wenn ein Mongole einen Chinesen schlägt, darf der Chinese nicht zurückschlagen. Wenn der Chinese durch die Prügel stirbt, so hat der Mongole nur die Bestattungskosten zu tragen.

Kublai Khan erachtete es nicht als notwenig, Beamte durch ein kaiserliches Prüfungssystem zu rekrutieren.
Die wichtigsten Regierungsposten sind für Angehörige des mongolischen Adels reserviert.
Viele chinesische Gelehrte hatten keine Möglichkeit mehr, in die Regierungszirkel einzutreten, die sie einst dominiert hatten, und damit Teil der politischen Eliten zu werden. Ihnen blieb nichts anderes übrig, als sich einen anderen Lebensunterhalt zu suchen.
Aus ihnen wurden Ärzte, Lehrer an Privatschulen, Schriftsteller, Künstler und Wahrsager.
Sie erhielten auf diese Weise chinesische kulturelle Traditionen in Unabhängigkeit von der mongolischen Herrschaft am Leben .

Eine besonders prominente Persönlichkeit aus der Yuan-Dynastie ist der Theaterautor und Librettist Guan Hanqing (1241? – 1320?). Er wird als einer der herausragendsten Dramatiker der chinesischen Geschichte angesehen. Er verfasste in seiner Lebenszeit rund 60 Dramen, darunter sind 14 bis heute erhalten geblieben.

Guan Hanqing reflektierte in seinem Werk über seine Unzufriedenheit mit der Realität und verlieh seinem Zorn gegenüber der mongolischen Herrschaft Ausdruck.

Ich bin eine zähe kleine Kupfererbse mit schallendem Klang.
Viele haben versucht, mich zu dämpfen, kochen, hämmern, braten.
Aber niemand hat es jemals geschafft, mich aufzubrechen.
Du kannst mir die Zähne ausschlagen, mein Gesicht entstellen,
meine Beine verkrüppeln und meine Arme brechen.
Aber du wirst mich niemals aufhalten können.
Welch üble Gebrechen der Himmel mir auch immer auferlegen mag,
ich bin immer noch nicht bereit, zu ruhen.

Marco Polo

Aufgrund seines Misstrauens gegenüber chinesischen Gelehrten engagierte Kublai Khan Ausländer aus Zentralasien, dem Nahen Osten und Europa, um die Wirtschaft zu verwalten und die Steuern einzutreiben.

Marco Polo
(1254 – 1324),
ein venezianischer Kaufmann

Ich habe 17 Jahre lang in China gelebt, gearbeitet und das Land bereist.
Dann bin ich im Jahre 1295 in mein Heimatland zurückgekehrt.

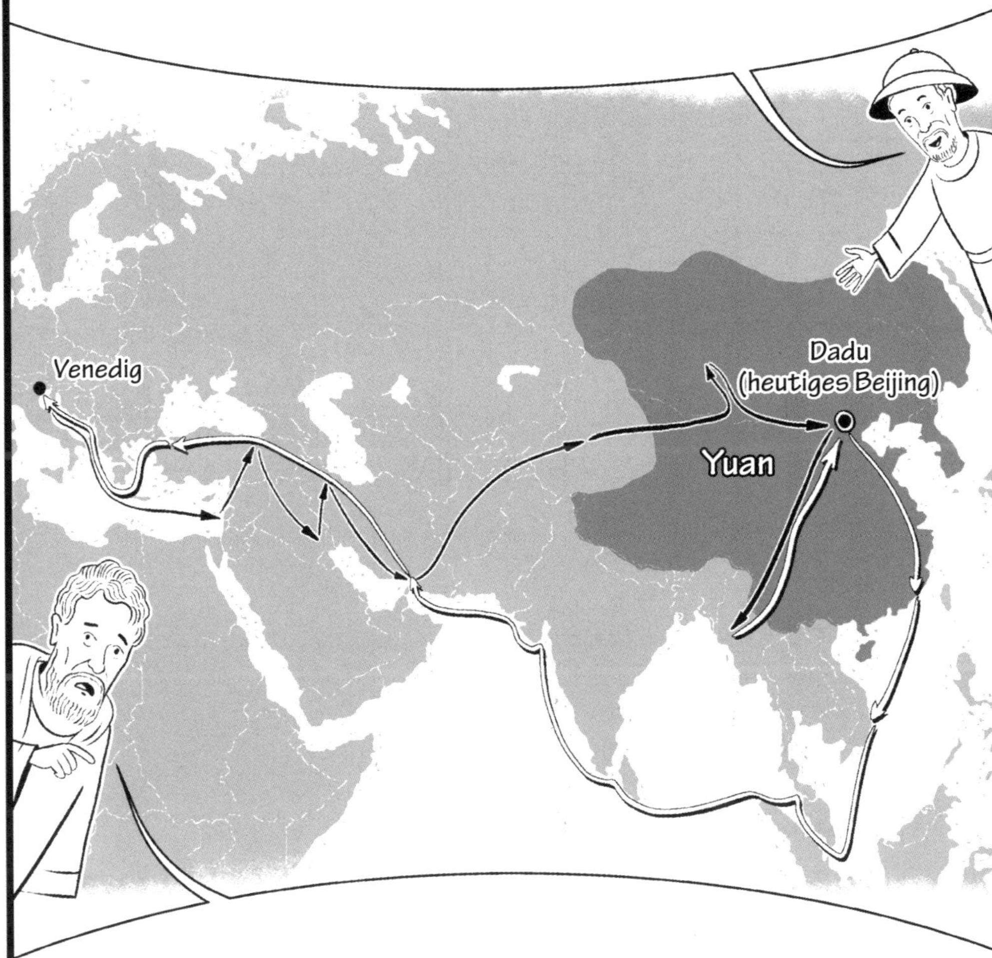

Gerade zu dem Zeitpunkt, als ich nach Hause zurückgekehrt war, befand sich Venedig im Krieg mit einem anderen Staat.
Nachdem der Feind gesiegt hatte, wurde ich in ein Gefängnis gesperrt.
Dort habe ich mehrere Monate damit zugebracht, meine Geschichte einem Mithäftling zu erzählen, bei dem es sich um einen Schriftsteller handelte.

Aus Marceo Polos Lebensgeschichte entstand später der berühmte Reisebericht namens „Die Reisen des Marco Polo".
(Der ursprüngliche Titel lautete „Die Wunder der Welt".)
Das Buch bestand aus vier Teilen:

- Die Reise nach China
- China und der Yuan-Kaiserhof
- Die Nachbarländer Chinas
- Die Kriege zwischen verschiedenen mongolischen Khanaten

Dieses Buch gewährte den Europäern zum ersten Mal einen Einblick in die politischen Verhältnisse in China und in das Alltagsleben seiner Bevölkerung.

Das ursprüngliche Manuskript ging verloren.
In späteren Ausgaben schlichen sich viele Fehler ein, was den wachsenden Zweifel am Wahrheitsgehalt der Schilderungen Marco Polos verstärkte.
Die Europäer gaben dem Buch den Spitznamen „Die Million“.
In diesem Buch wimmelt es von übertrieben anmutenden Fakten und Zahlen, es taucht ständig da und dort eine Zahl im Millionenbereich auf. Es wirkt auf uns sehr unglaubwürdig.
Hört euch das nur an.
Die Stadt Hangzhou besitzt 12’000 Brücken, die Bevölkerungszahl übersteigt 1 Million Einwohner, es gibt 1.6 Millionen Gebäude.
Der chinesische Kaiser lebte einst auch hier, er besass tausende von Ehefrauen und zog dazu noch jedes Jahr 20’000 Waisenkinder gross.
In einem nahegelegenen Hafen können an einem Kai 15’000 Schiffe anlegen.

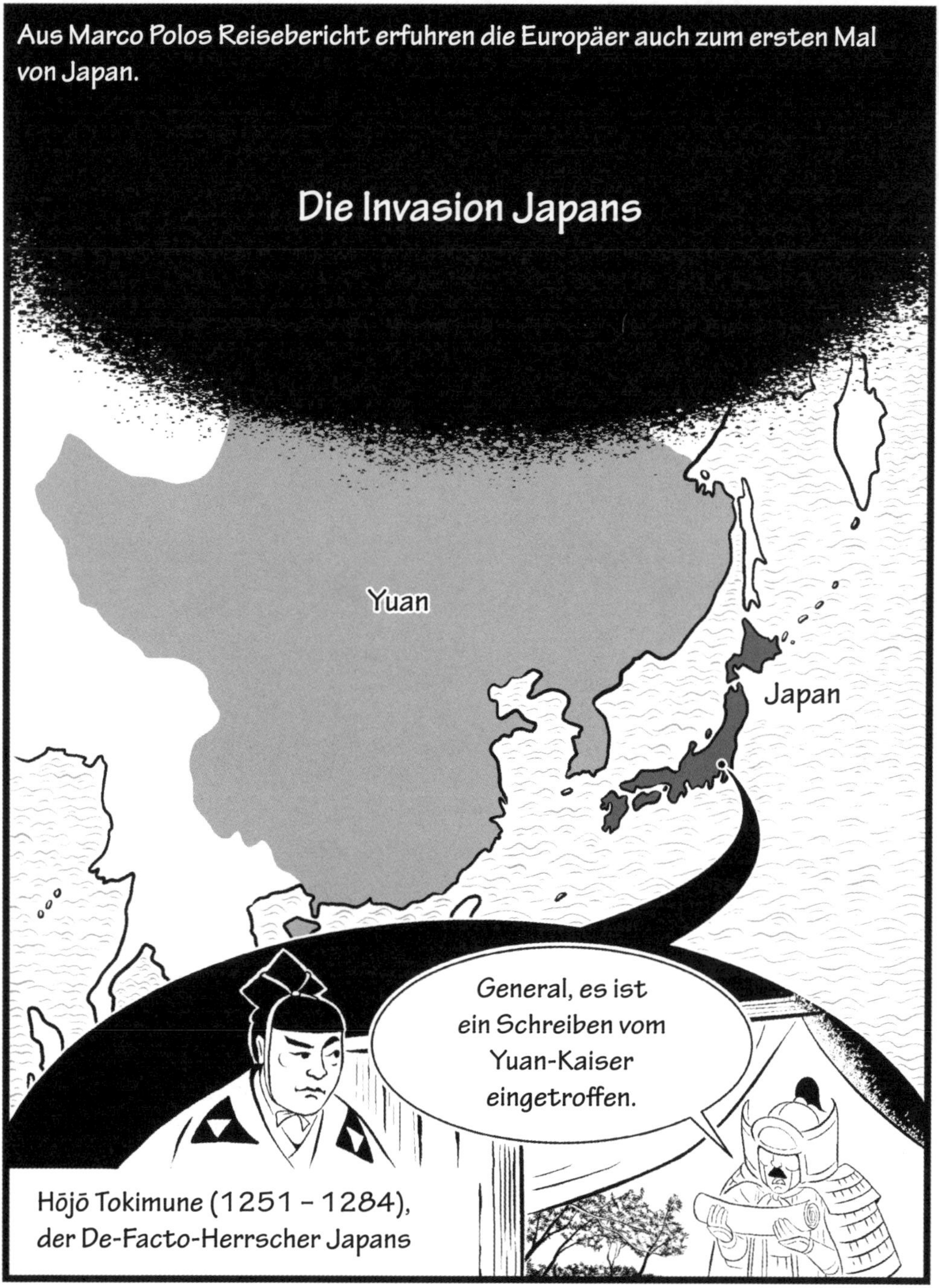

Aus Marco Polos Reisebericht erfuhren die Europäer auch zum ersten Mal von Japan.
Die Invasion Japans
Yuan
Japan
General, es ist ein Schreiben vom Yuan-Kaiser eingetroffen.
Hōjō Tokimune (1251 – 1284), der De-Facto-Herrscher Japans

Entsendet unverzüglich diplomatische Gesandte, um dem Yuan-Kaiserhof seine Aufwartung zu machen und ihm den ihm gebührenden Respekt zu erweisen.
Die Welt ist eine grosse Familie, ich werde Euch wie meinen eigenen Sohn behandeln.
Niemand möchte einen Krieg.
Kublai Khan
Japan liess sich von solchen Drohungen nicht einschüchtern und reagierte nicht auf das Schreiben.

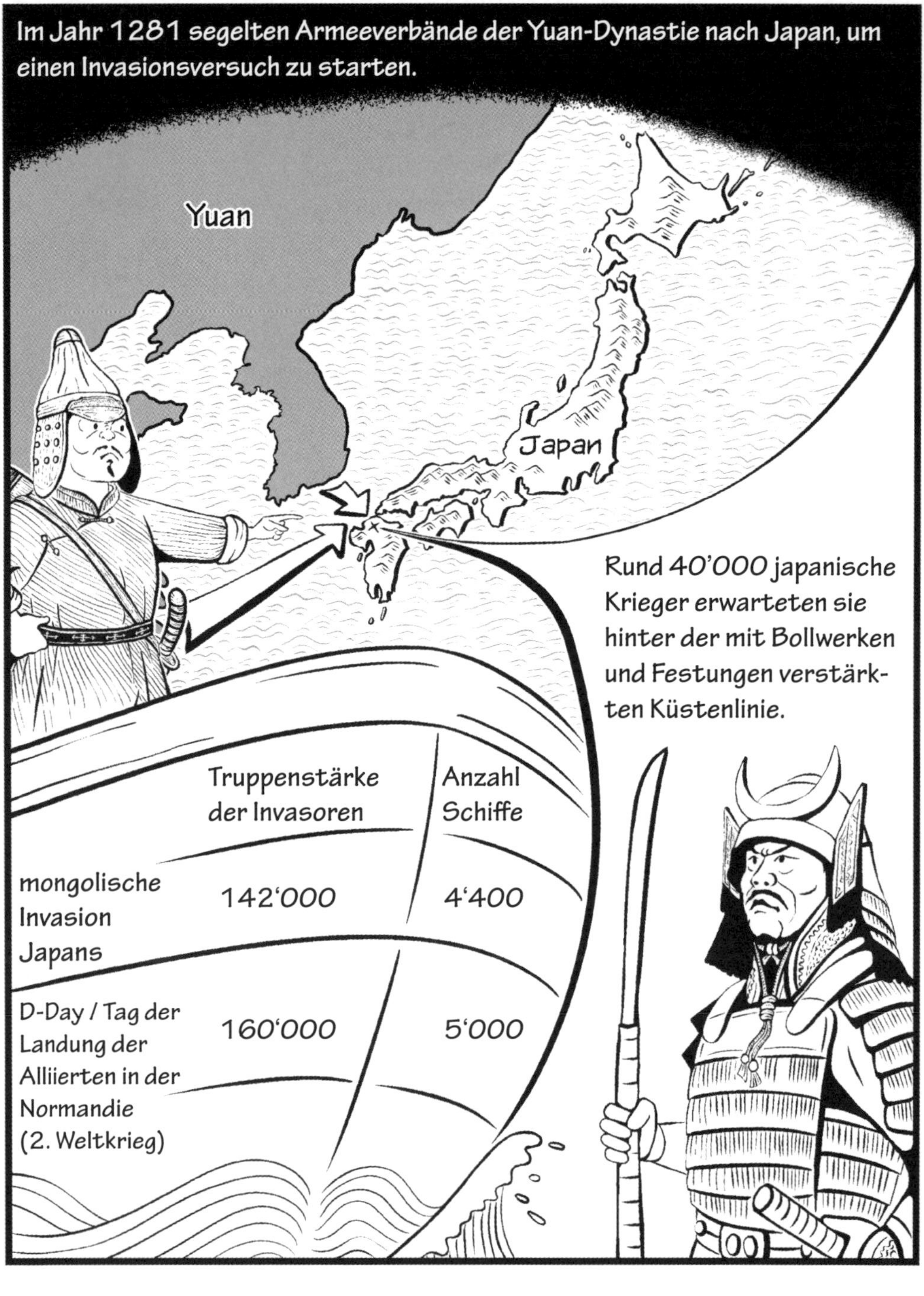
Im Jahr 1281 segelten Armeeverbände der Yuan-Dynastie nach Japan, um einen Invasionsversuch zu starten.
Yuan
Japan
Rund 40'000 japanische Krieger erwarteten sie hinter der mit Bollwerken und Festungen verstärkten Küstenlinie.
Truppenstärke der Invasoren
Anzahl Schiffe
mongolische Invasion Japans
142'000
4'400
D-Day / Tag der Landung der Alliierten in der Normandie (2. Weltkrieg)
160'000
5'000

Nach zwei Monaten erbitterter Kämpfe war es den Hauptstreitkräften der Yuan-Armee immer noch nicht gelungen, auf die Küste überzusetzen.

Plötzlich wurden sie von einem Taifun überrascht, rund 80% der Yuan-Soldaten fanden den Tod.
Später verliehen die Japaner diesem Taifun die respektvolle Bezeichnung Kamikaze, was „göttlicher Wind" bedeutet.

Der rasante Niedergang

Die Yuan-Dynastie bereitete bereits einen weiteren Angriff auf Japan vor, da verstarb Kublai Khan im Jahr 1294. Die Kriegspläne wurden auch deshalb auf Eis gelegt.
Kublai Khan hinterliess seinen Amtsnachfolgern eine uralte Fragestellung, die schon vielen Herrscher der chinesischen Geschichte Kopfzerbrechen bereitet hatte.

Wie soll die Machtteilung zwischen der Zentralregierung und regionalen Regierungen organisiert werden, damit ein Auseinanderbrechen des Landes verhindert werden kann und ohne dabei Zwietracht zu sähen?

Von Han-Chinesen geführte Herrscherdynastien hatten meistens alle staatliche Macht beim Kaiserhof konzentriert, der Zentralregierung waren alle regionalen Regierungen untergeordnet.

Kublai Khan hingegen war der mongolischen Tradition gefolgt und hatte die Macht mit Familienmitgliedern und Freunden geteilt.

Diese Dezentralisierung führte jedoch zum Aufstieg vieler regionaler Machtzentren, die für die Stabilität der Yuan-Dynastie eine Bedrohung darstellten.

Nachdem Kublai Khan gestorben war,
brachen sofort Kämpfe zwischen regionalen Fraktionen aus, die sich um die kaiserliche Thronfolge drehten.
Die Kämpfe hielten lange an, und die Yuan-Dynastie befand sich damit auf dem rapiden Weg in den Untergang.
Der Ausbruch der Pest im mongolischen Khanat der Goldenen Horde brachte zudem allen Handel zwischen der Yuan-Dynastie und ihren westlichen Nachbarn zum Erliegen.
YUAN
Im Jahr 1351 brachen in Südchina Aufstände aus.
17 Jahre später nahm eine Rebellenarmee die Yuan-Hauptstadt ein und bereitete damit der mongolischen Herrschaft über China ein Ende.

Die chinesische Zivilisation überlebte die mongolische Herrschaft, aber sie zahlte einen schweren Preis dafür.
Denn obwohl die mongolische Herrschaft zu Ende gegangen war, hatte China auf lange Sicht hinaus weiterhin mit den Nachwirkungen zu kämpfen

Nach dem Ende der Yuan-Dynastie entwickelten die Chinesen eine beschützende Haltung gegenüber dem, was sie als „wahr und authentisch Chinesisch“ erachteten – und damit gleichzeitig eine Abwehrhaltung gegenüber allem Fremden.
Es verstärkte sich enorm ein Weltbild, in dem zwischen der chinesischen Welt und der Welt der Barbaren rigide getrennt wurde.
Die während der Blütezeit der Tang-Dynastie verbreitete weltoffene Geisteshaltung, sich ausländischen Kulturen zu öffnen, um die eigene Kultur zu bereichern, war passé.

Eine übertriebene Vorsicht und Skepsis vor Dingen aus dem Ausland drosselte das Tempo der chinesischen Entwicklung.
Im gleichen Zeitraum heizten Forschungsreisende wie Marco Polo die europäische Nachfrage nach chinesischen Produkten an, zudem brachten diese Forschungsreisende Technologien wie den Kompass, das Blockdruckverfahren oder die Anleitung zur Herstellung von Schiesspulver nach Europa und beschleunigten damit den technischen Fortschritt in Europa. Dagegen kam das flammende Tempo chinesischer Innovationen, das noch während der Dynastien der Song und Yuan vorgeherrscht hatte, zum Stillstand.

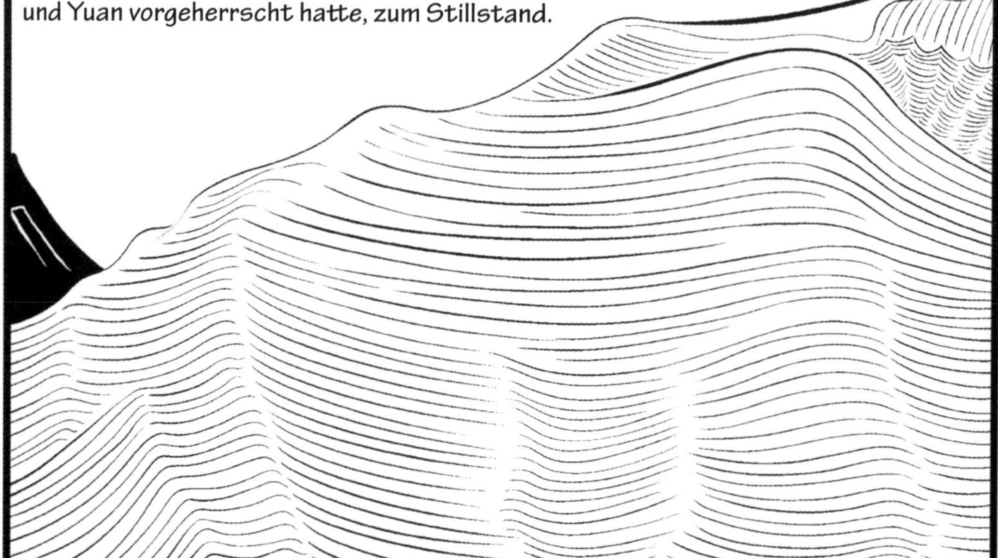

Als es im 19. Jahrhundert zu Konfrontationen zwischen China und westlichen Grossmächten kam, musste dieses Land mit alter Zivilisation plötzlich realisieren, dass es weder die Kräfte noch frische Ideen besass, seine Bevölkerung darin anzuführen, sich aus seiner schwierigen Lage zu befreien. Genau wie es Li Hongzhang, ein führender Staatsmann der späten Qing-Dynastie, in sehr emotionaler Weise ausgedrückt hat, musste sich China „turbulenten Veränderungen stellen, wie das Land sie in Jahrtausenden nicht erlebt hatte“.

Anmerkungen und empfohlene weiterführende Lektüre

Die Aussprache chinesischer Namen kann sehr schwierig sein. Um die Dinge so einfach wie möglich zu halten, habe ich alle chinesischen Namen in *Pinyin* angegeben, der standardisierten phonetischen Umschrift zur Transkription chinesischer Wörter.

Die einzigen Ausnahmen hierzu bilden Namen, die vor längerer Zeit gemäss anderer, älterer Standards in lateinische Buchstaben umgesetzt wurden und die sehr häufig verwendet werde Ein ausgezeichnetes Beispiel hierfür ist der Philosoph Konfuzius. In der Pinyin-Schreibweise müsste man den Namen des Philosophen mit Kong-fuzi wiedergeben.
Aber ich verwende hierfür den Namen Konfuzius, nämlich den Namen, den jesuitische Missionare dem Philosophen im sechzehnten Jahrhundert gegeben haben.

Wenn Sie Ihre Aussprache der in *Pinyin* geschriebenen Wörter auf Korrektheit überprüfen möchten, finden Sie im Internet eine Vielzahl hilfreicher Ressourcen dafür.
Ein exzellentes Online-Wörterbuch mit Audio-Funktionen findet sich auf der Webseite www.mdbg.net.
Die Pleco App für iOS und Android Mobiltelephone erlaubt Ihnen ebenfalls, ihre Aussprache zu überprüfen.

Als ich *Chinas Geschichte im Comic – China durch seine Geschichte verstehen – Band 3: Barbareninvasionen und die Geburtsstunde der chinesischen Identität – Von den Fünf Dynastien und Zehn Reichen bis zur Yuan-Dynastie* schrieb, stützte ich mich auf eine Anzahl chinesischsprachiger Quellen. Diese beinhalten:
Die Geschichte Chinas von Tongling Wang
Die allgemeine Geschichte Chinas von Simin Lü
China – Eine Makrohistorie von Ray Huang (Huang Renyu)
sowie
Die Geschichte chinesischer Philosophie von Youlan Feng.
Bei vielen dieser Bücher handelt es sich um Klassiker der Geschichtsschreibung und sie beinhalten viel mehr Informationen, als ich jemals in dieser Reihe, geschweige denn in einem einzelnen Teilband, unterbringen könnte.
Wenn Sie in der Lage sind, chinesische Texte zu lesen, dann lohnt es sich für Sie, sich mit diesen Büchern näher zu beschäftigen.

Während die Zahl englischsprachiger Publikationen, die sich mit dem in diesem Buch behandelten Zeitabschnitt der chinesischen Geschichte auf einfach zugängliche Weise befassen, sehr begrenzt ist, handelt es sich bei *Daily Life in China on the Eve of the Mongol Invasion* („Alltagsleben in China am Vorabend der mongolischen Invasion") von Jacques Gernet um ein exzellentes Werk und eine hervorragende Informationsquelle. Ich empfehle auch *Chinese Civilization: A Sourcebook, 2nd Edition* von Patricia Buckley Ebers, worin originales Quellenmaterial der chinesischen Geschichte versammelt ist, von Orakelknochen über Gesetzestexte bis hin zu Volkssagen.

Chinesischlerner finden auf der Webseite
www.manhua.ch Vokabellisten chinesischer Wörter
mit deutscher Übersetzung für den
chinesischsprachigen Teil dieses Buches.

Auf www.manhua.ch gibt es auch weitere Informationen
über den Künstler Jing Liu.

献给

聂莎莎、司徒子怡、张智焕、张智倍、严家森、严凯琳、刘一夫，
和许许多多对世界充满好奇心的孩子们

画说中国史

第三册

外患下的自省

五代十国 - 元朝
(907年 - 1368年)

刘京 文 / 图

华瑞图书网
chinabooks.ch

目录

时间表

907 唐朝灭亡，开启五代十国时期
契丹族统一周边部落，建立辽朝

960 宋朝建立，五代十国时期结束

1038 党项族建立西夏王朝

1069 王安石颁布新法

1081 宋军进攻西夏

1115 女真族建立金朝

1125 金灭辽

1127 宋室南迁，南宋时期开始

1141 金和南宋签署《绍兴条约》

1200 理学家朱熹病逝

1206 铁木真统一蒙古，自称成吉思汗

1211 獾儿嘴大战中，蒙古击败金朝

1227 蒙古灭西夏

1234 蒙古灭金

1257 蒙古再攻南宋

1271 忽必烈汗建立元朝

1279 崖门决战中，元灭南宋

1281 元军进攻日本

1294 忽必烈汗病逝

1295 马可·波罗回到威尼斯

1351 元朝爆发叛乱

前言

关于今日中国的话题大多集中在经济领域，原因很明显：在三十年间，这个曾经一穷二白的国家一跃成为世界第二大经济体，六亿人从此脱贫，中产家庭的经济实力也直追发达国家水平。

中国的经济成就全球瞩目，好奇的读者可能会提出很多问题，其中一个问题是，中国是怎么走到今天的？虽然这个问题没有简单的答案，但我建议，了解今日中国可以从了解中国的过去开始。历史像一条连续的纽带，今日情景的起因可以追溯到昨天、前天、去年、前年…… 追溯越久，事物的全貌就越清晰。然而中国历史悠久，文献极其丰富，如何把繁杂的信息用清晰易懂的方式表达出来？

《画说中国史》系列丛书力求以简洁的画风、精炼的文字、理性的视角，勾画出中国历史的发展脉络。通过这个脉络，读者可以把地理、气候、经济、文化、哲学、人物、事件等各个点连成一条线，再用现代人的眼光寻找历史主线中反复出现的趋势和背后的逻辑。只有如此放开眼界，我们才能体会到各个历史时期的当事人所处的时代背景及其面临的挑战，看到当事人所无法看到的结果，明白当事人所无法明白的意义。

中国是怎么走到今天的？这个问题没有单一的回答，但通过探究历史，读者会看到，在中国的地理和历史条件下，中华文化长期积累演变，决定了中国人的生活状况和思维习惯，从而影响了中国的发展道路。希望读者能够以这本书为起点，开辟更多的探索途径，更全面地了解我们周边的世界，看到每个人每件事存在的意义。毕竟，求知的动力源自我们每个人自己。

作者

2017年 北京

画说中国史
前情提要

第一册
中国文明的初创：黄帝 – 汉朝
（约公元前2697 – 公元220年）

第二册
从大分裂到黄金时代：三国 – 唐朝
（公元220年 – 公元907年）

一个好的社会必须从好的人开始。
为了人人向好，民众需要的是启发，而不是胁迫。
这是治国者必须注意的。
孔子

孔子的理论适合作为国家的意识形态。
儒家思想不仅可以规范人们的行为，
也为朝廷培养了合格的官员。

但是，皇帝周边的官员们常常滥用职权，贪污腐败，让人民受苦。
苍天已死！

随着朝代的兴衰更替，一个规律反复出现：王朝建立，开始繁荣，然后腐化，最终崩溃。
有时新王朝可以很快统一中国，有时国家会陷入长期的动荡和分裂。 汉朝于公元220年结束后，中国进入将近400年的大分裂时期。

在大分裂时期，数百万平民饱受战乱之苦。
战争
重税
征兵
劳役
在这个充满痛苦的时代，佛教来到中国，为人们指出一条超脱之路。

为什么有这么
多痛苦？
儒家
我们会建立
一个好政府来
结束苦难。
道家
痛苦是人生的一部分，
无可避免，
坦然接受吧！
佛教
痛苦是人生的一部分，
但你可以摆脱痛苦！
欲望是痛苦的根源，
所以要修炼身心，
舍离欲望，以求解脱。

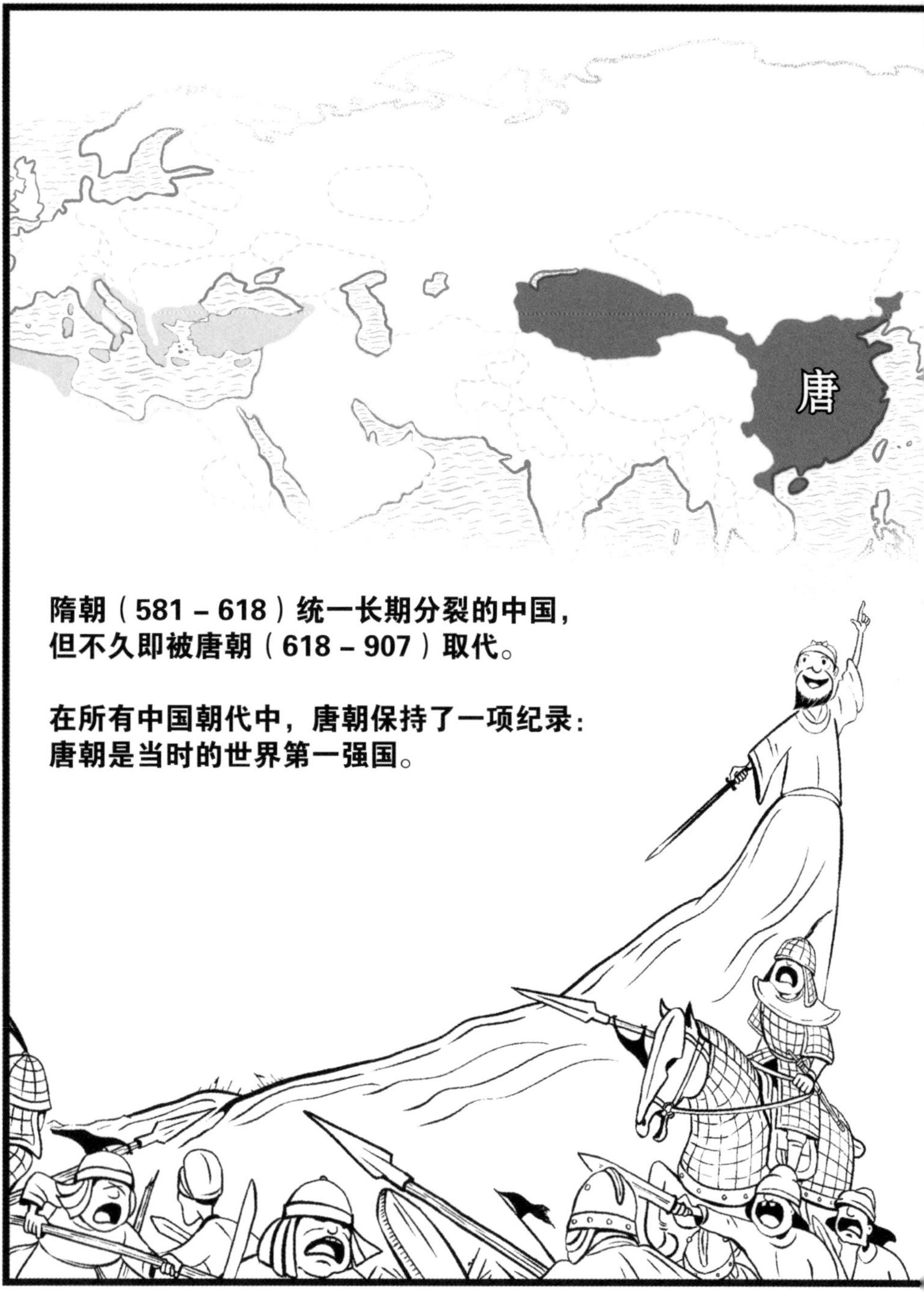
唐
隋朝（581 – 618）统一长期分裂的中国，
但不久即被唐朝（618 – 907）取代。
在所有中国朝代中，唐朝保持了一项纪录：
唐朝是当时的世界第一强国。

742年，唐朝募兵50万，成为中国历史上首支大型职业军队。
但募兵效忠节度使，而非国家。现节度使兵权在握，如要造反，朝廷如何抵挡？

节度使安禄山于755年起兵反唐。

安禄山之乱改变了唐朝的政治格局。帮助朝廷击败安禄山后，多个节度使获得自治权，地方割据长达百年之久。

当黄巢之乱于874年爆发后，深陷分裂的唐朝已无力控制局面。黄巢率军转战十年，彻底摧毁了各地的士族阶层，唐朝到此也气数已尽。

907年，一位将军废唐立梁，却又无力统一中国，原唐朝节度使仍然各自为政。

大军阀争夺华北，先后创建五个朝代。另有十几个小国纷立，主要位于南方。史称五代十国时期。

画说中国史

3

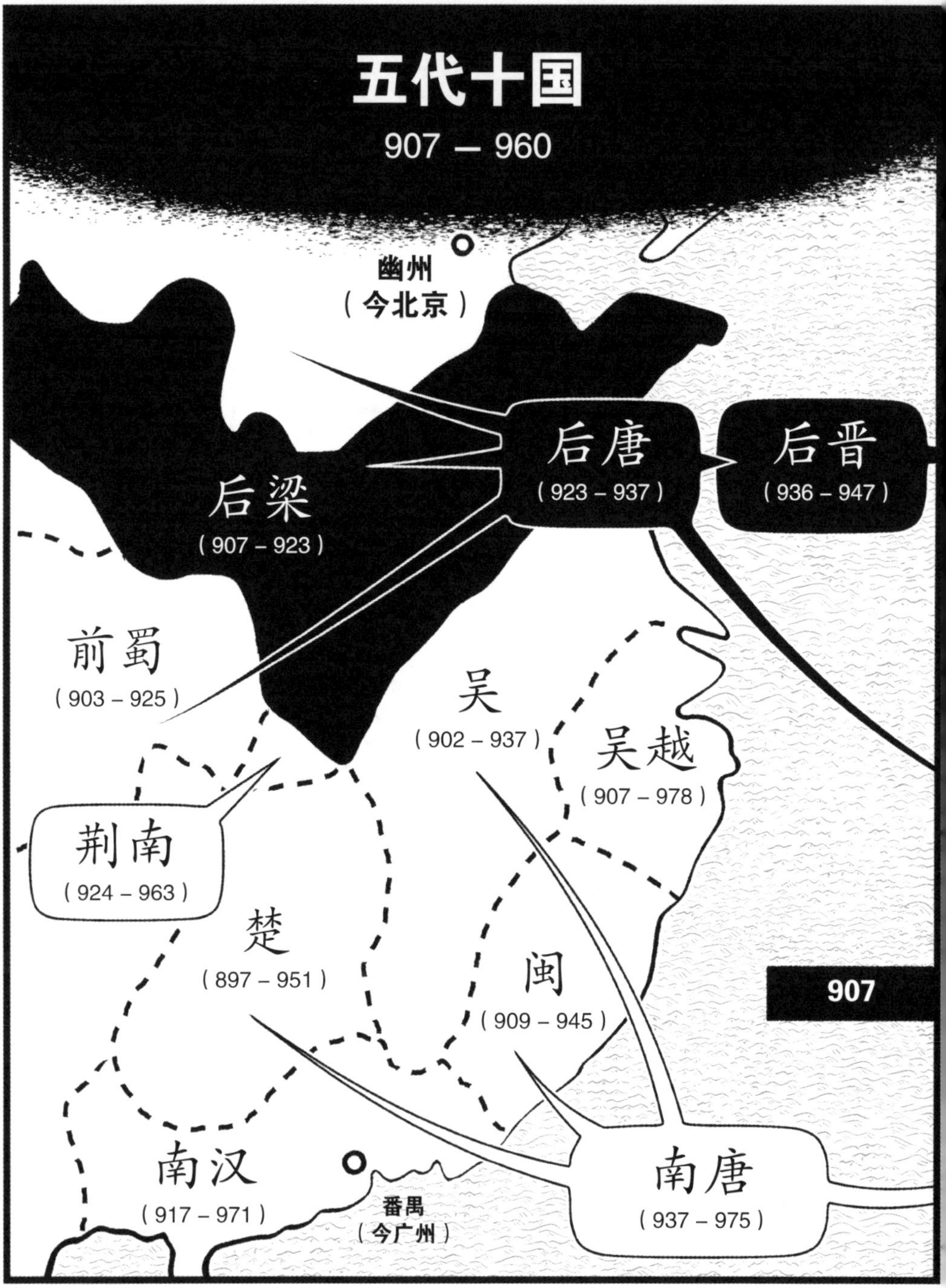
五代十国
907 – 960
幽州
（今北京）
后唐
（923 – 937）
后晋
（936 – 947）
后梁
（907 – 923）
前蜀
（903 – 925）
吴
（902 – 937）
吴越
（907 – 978）
荆南
（924 – 963）
楚
（897 – 951）
闽
（909 – 945）
907
南汉
（917 – 971）
番禺
（今广州）
南唐
（937 – 975）

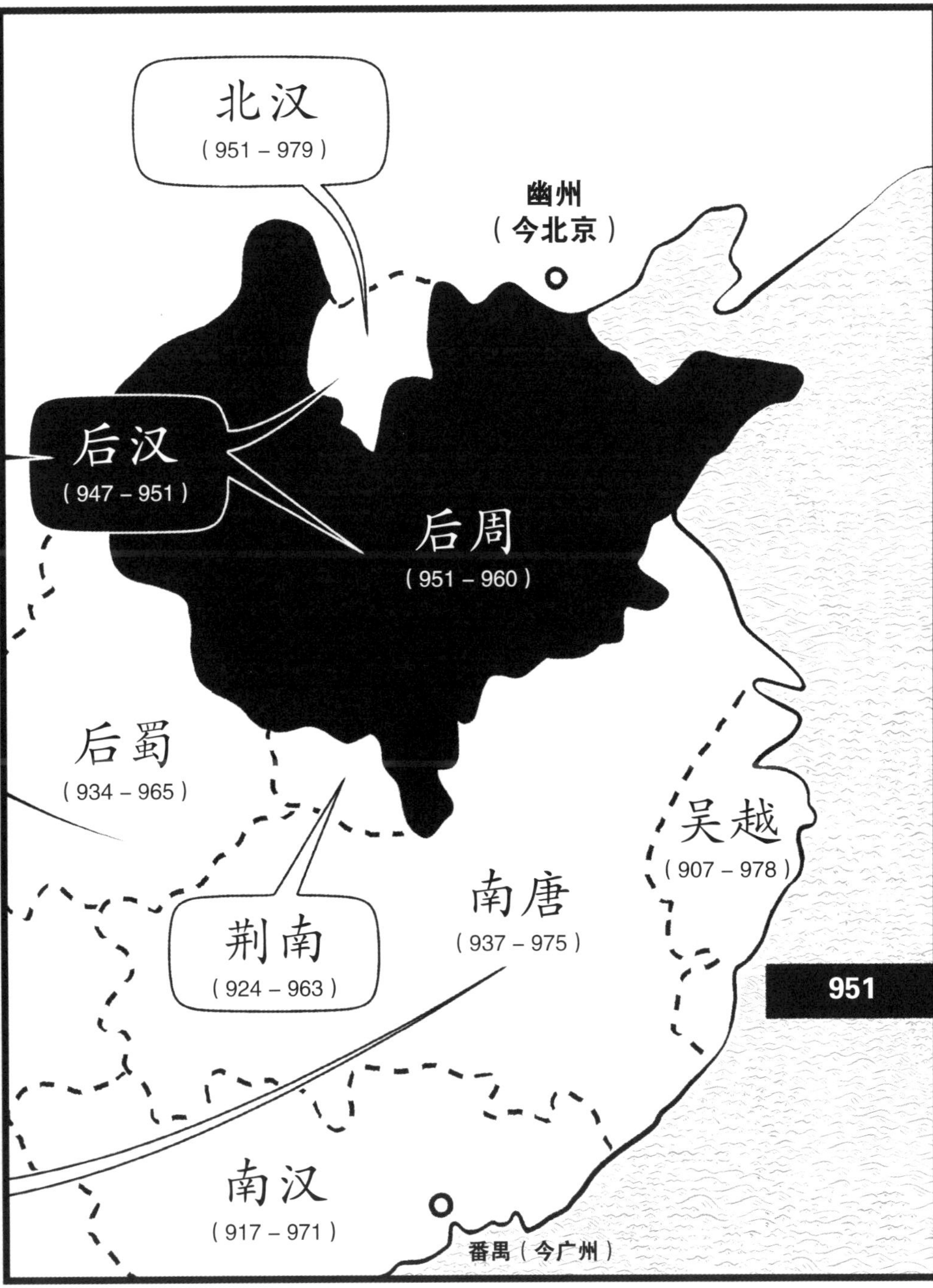

北汉
(951 – 979)
幽州
(今北京)
后汉
(947 – 951)
后周
(951 – 960)
后蜀
(934 – 965)
吴越
(907 – 978)
南唐
(937 – 975)
荆南
(924 – 963)
951
南汉
(917 – 971)
番禺 (今广州)

五代十国时期，军阀混战。
为击败对手，交战各方不惜掘开黄河堤坝，水淹敌国，先后在53年中造成24次洪水。

契丹南侵

一些军阀向北方契丹求助 。
契丹族源于东北亚的鲜卑分支。 契丹于907年统一周边部落，
建立辽朝（907 – 1125）。

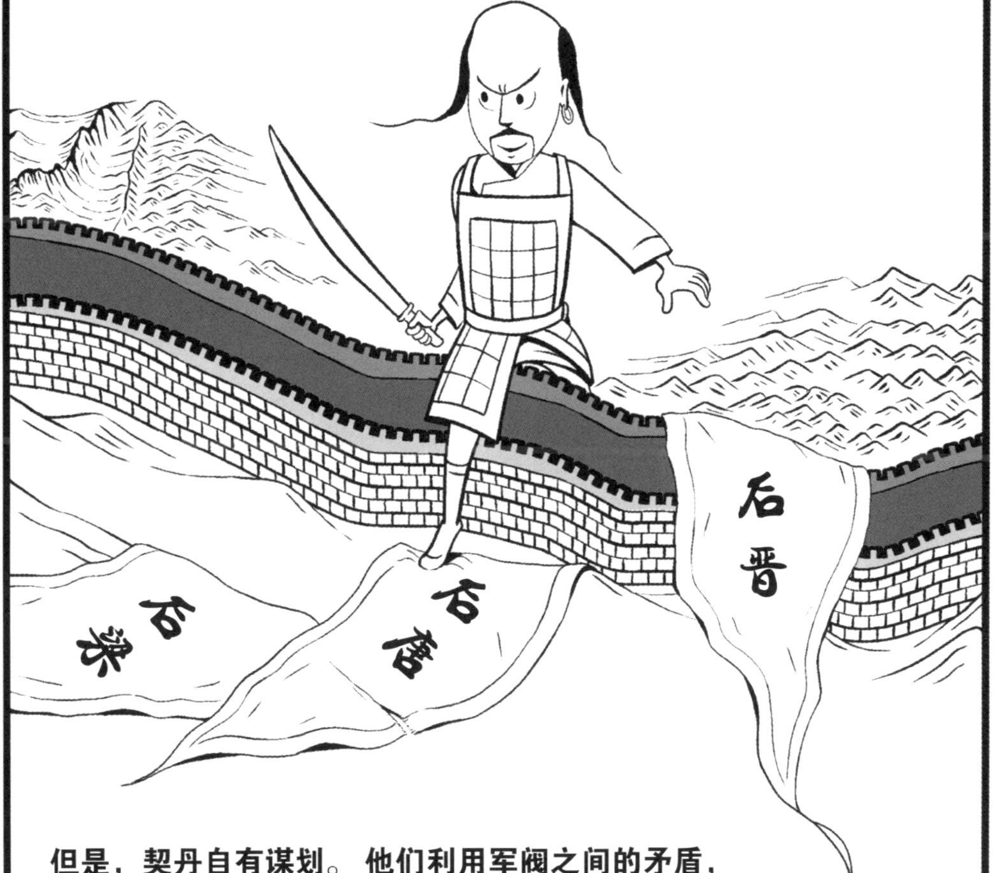

但是，契丹自有谋划。 他们利用军阀之间的矛盾，
击败北方五朝中的三个。 期间契丹占领燕云十六州，
突破了中原地区的长城防线。

938年，辽朝在幽州（今北京）建都。

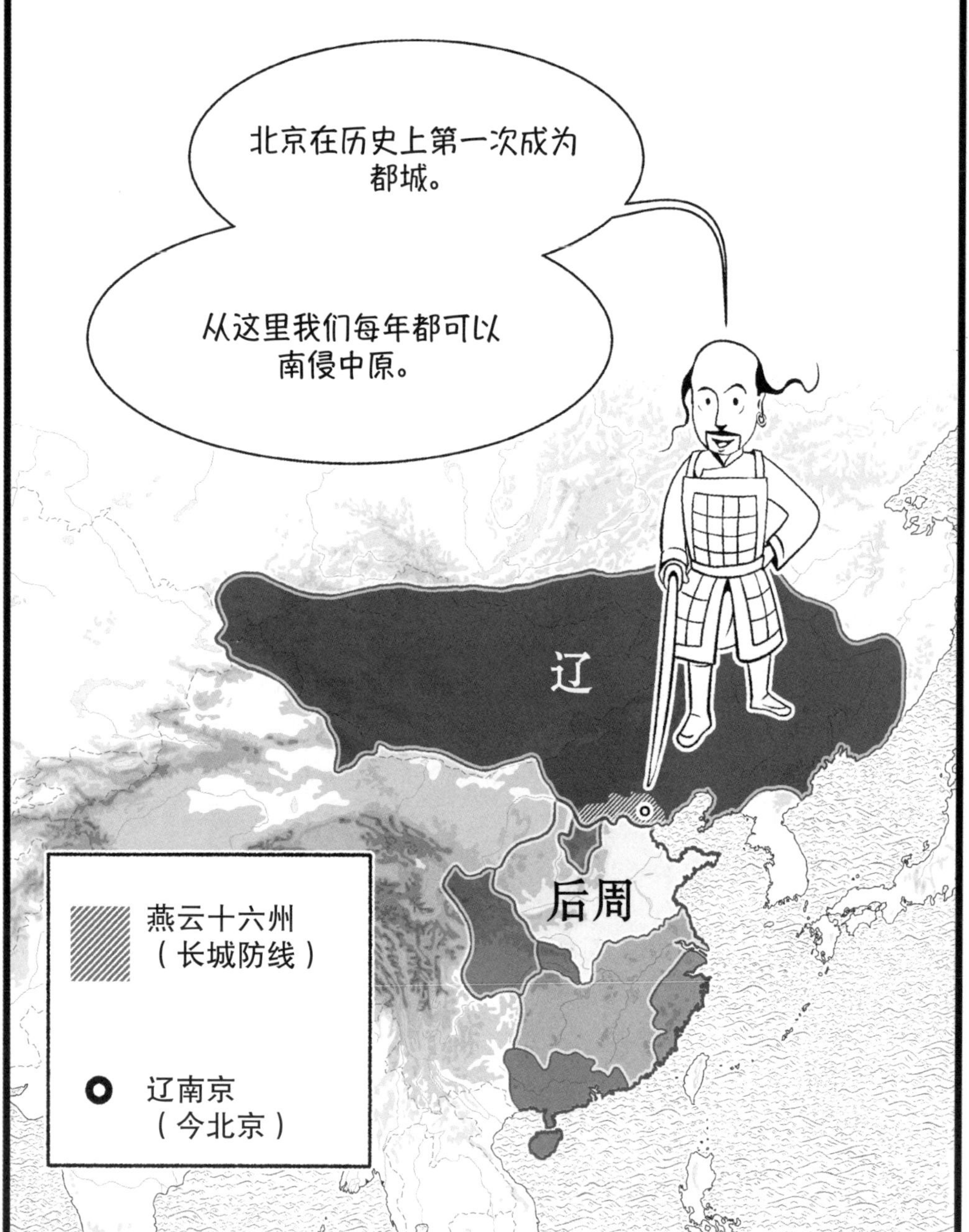

赵匡胤

954年，辽南侵后周。两军在高平遭遇。

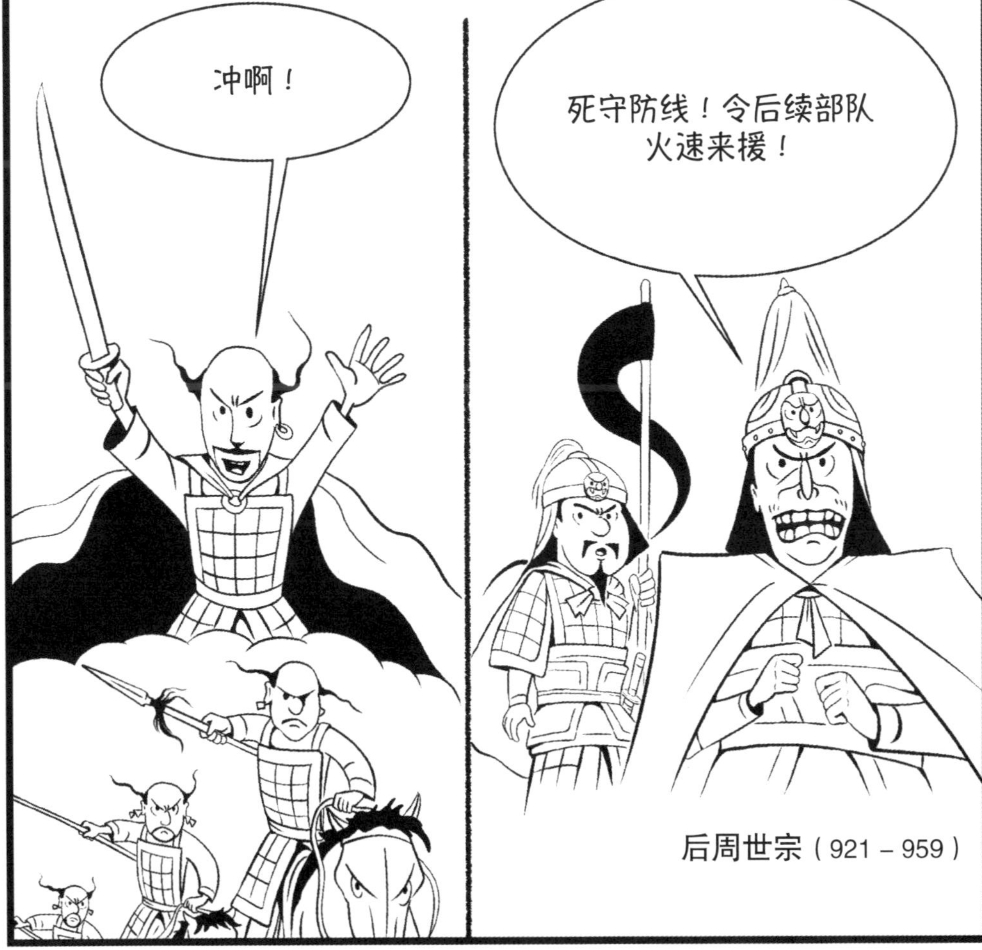

在辽军的冲击下，后周军队右翼不支。部分将领开始逃离战场，成千的士兵倒地投降。
此时，一员大将率2,000禁军出击，迎战辽军。
赵匡胤
（927 – 976）

数个时辰后…

援军终于来了！
后周获胜。这是唐朝灭亡以来，中原王朝抵挡契丹入侵的首次胜利。

高平之战后，赵匡胤因战功卓著，晋升后周禁军统帅。后周世宗病逝不久，赵匡胤称帝，国号宋。宋朝在20年间统一了大部分中国。

宋朝

（960 – 1279）

攻辽失利

宋军乘胜攻入燕云十六州，试图夺回长城防线，一度兵临辽南京。

但此时的辽国占领燕云十六州已有数十年。契丹人长期接触中原文明，已经学会如何组织众多人口，管理农业，建造防御城墙，对付敌军的长期围困。

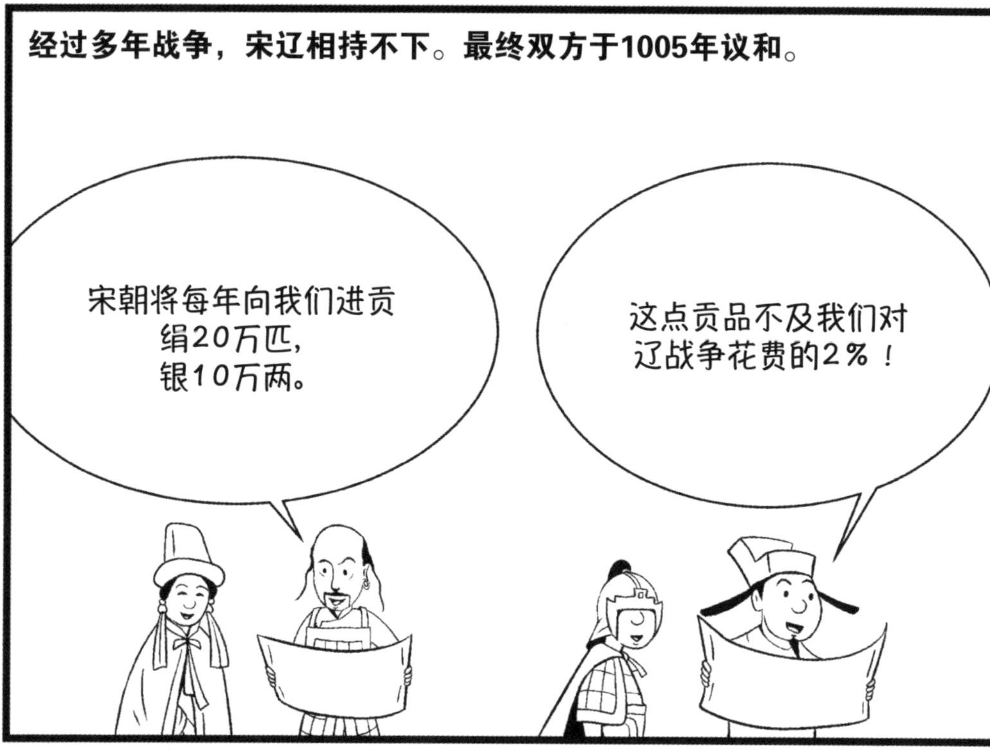
经过多年战争，宋辽相持不下。最终双方于1005年议和。
宋朝将每年向我们进贡绢20万匹，银10万两。
这点贡品不及我们对辽战争花费的2%！

宋辽战争中，党项部落与辽结盟，并于数十年后建立西夏王朝（1038 – 1227）。
党项族源于鲜卑和羌族等多个民族。

宋夏战争

西夏控制丝绸之路，同时垄断了马匹的交易。马是当时重要的军事资源。

由于西夏的封锁，宋朝严重缺乏战马。建国初期，宋有战马17万匹。 经过多年战争消耗，加上供应不足 ，宋朝的战马至1102年只剩1,800匹。

相比之下，汉唐的马匹数量分别是 60万和70.6万。

为打通战马供应的通道，宋朝出兵西夏。经过两败俱伤的拉锯战，双方在1044年停战和谈。
西夏奉宋朝为宗主，每年可以得到岁礼，包括银5万两，绢13万匹，茶2万斤。
还有过年红包：银2.2万两，绢2.3万，茶1万斤。
与西夏交战时，我们每年的军费是这些岁礼的70倍！

此时中国分为三个王朝。

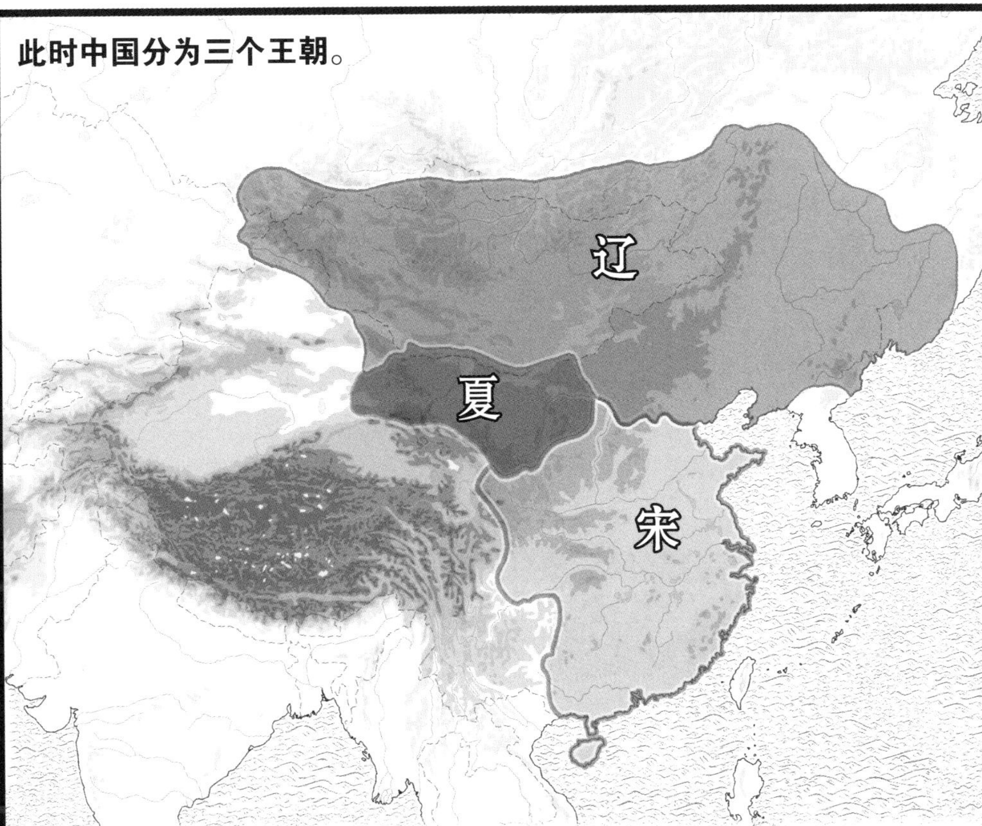

（百万）	宋	辽	夏
1110年人口	125	9	3
军队	1.26	0.3	0.5
战马	0.17	1	0.5

王安石变法

与辽夏的冲突让宋朝损失惨重。

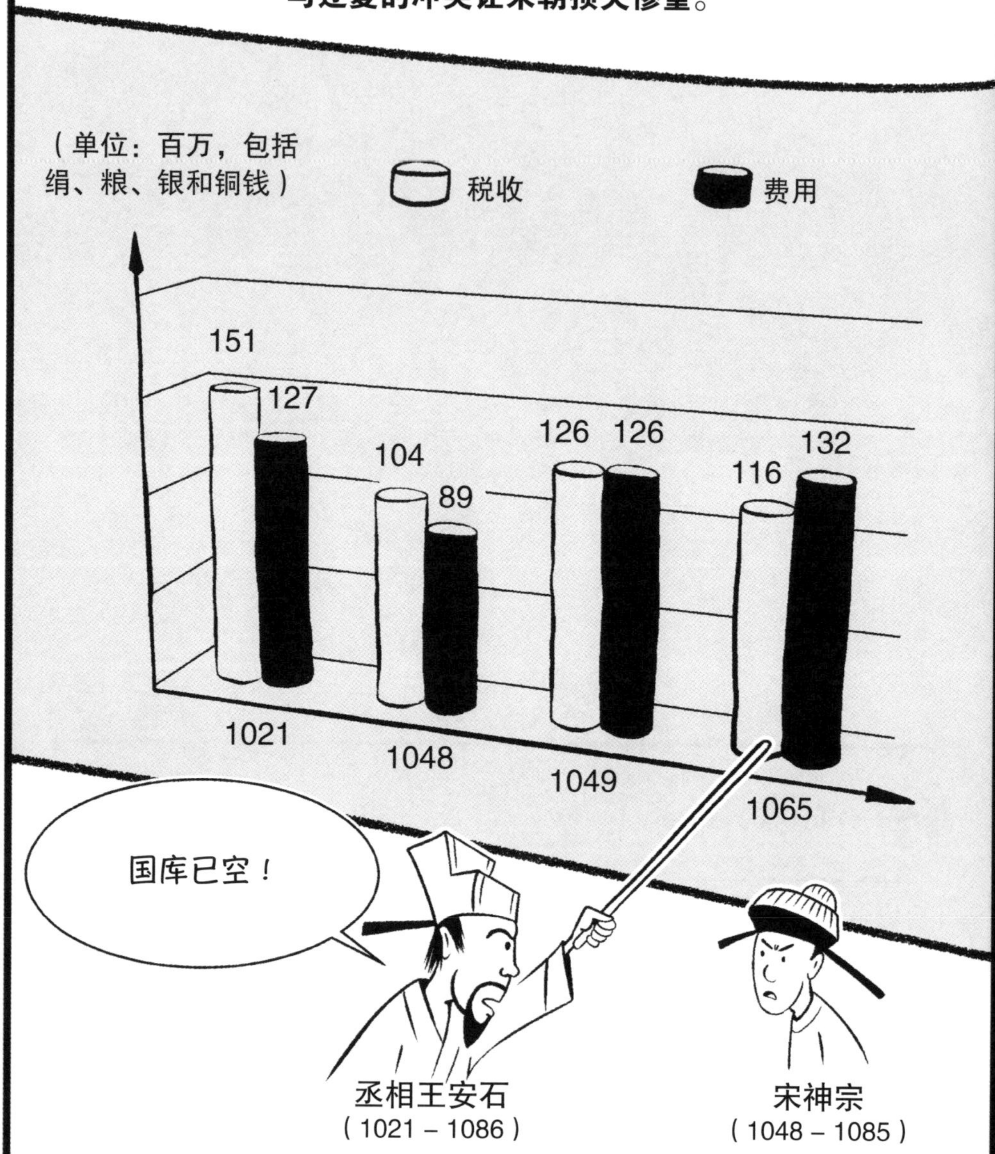

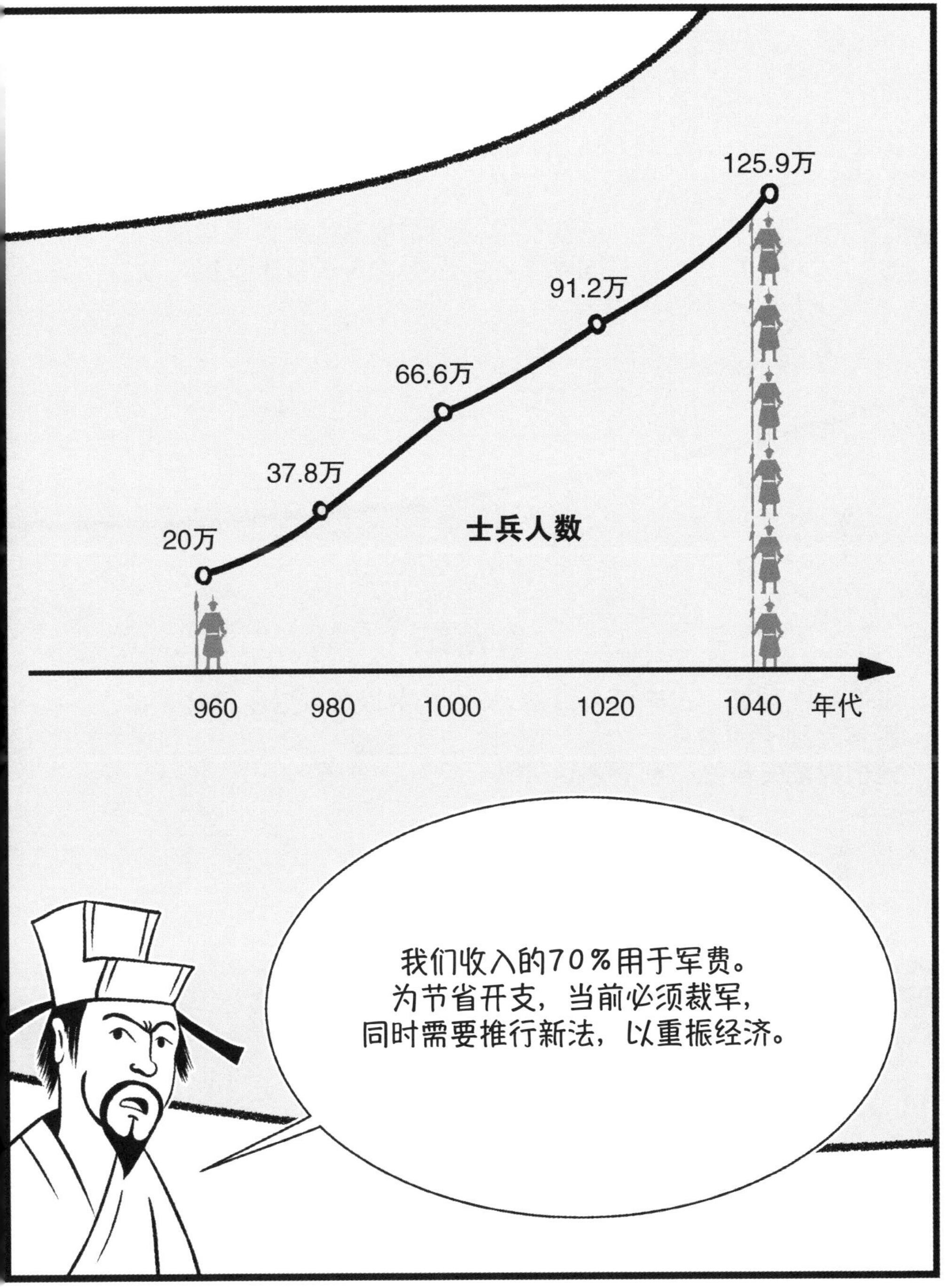
125.9万
91.2万
66.6万
37.8万
20万
士兵人数
960
980
1000
1020
1040
年代
我们收入的70%用于军费。
为节省开支，当前必须裁军，
同时需要推行新法，以重振经济。

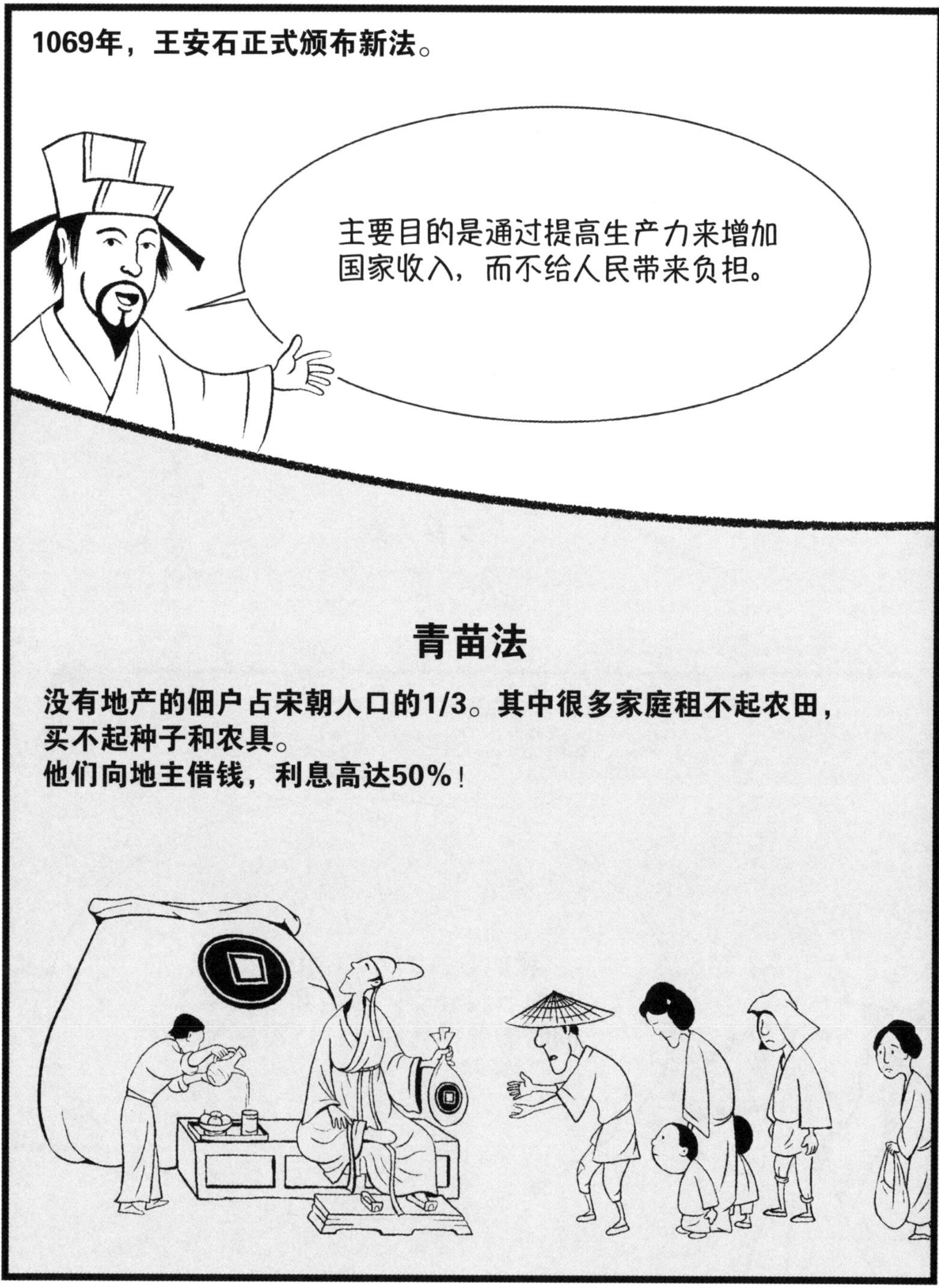
1069年，王安石正式颁布新法。
主要目的是通过提高生产力来增加国家收入，而不给人民带来负担。
青苗法
没有地产的佃户占宋朝人口的1/3。其中很多家庭租不起农田，买不起种子和农具。
他们向地主借钱，利息高达50%！

为解决这个问题，
我们设计了青苗贷款计划。

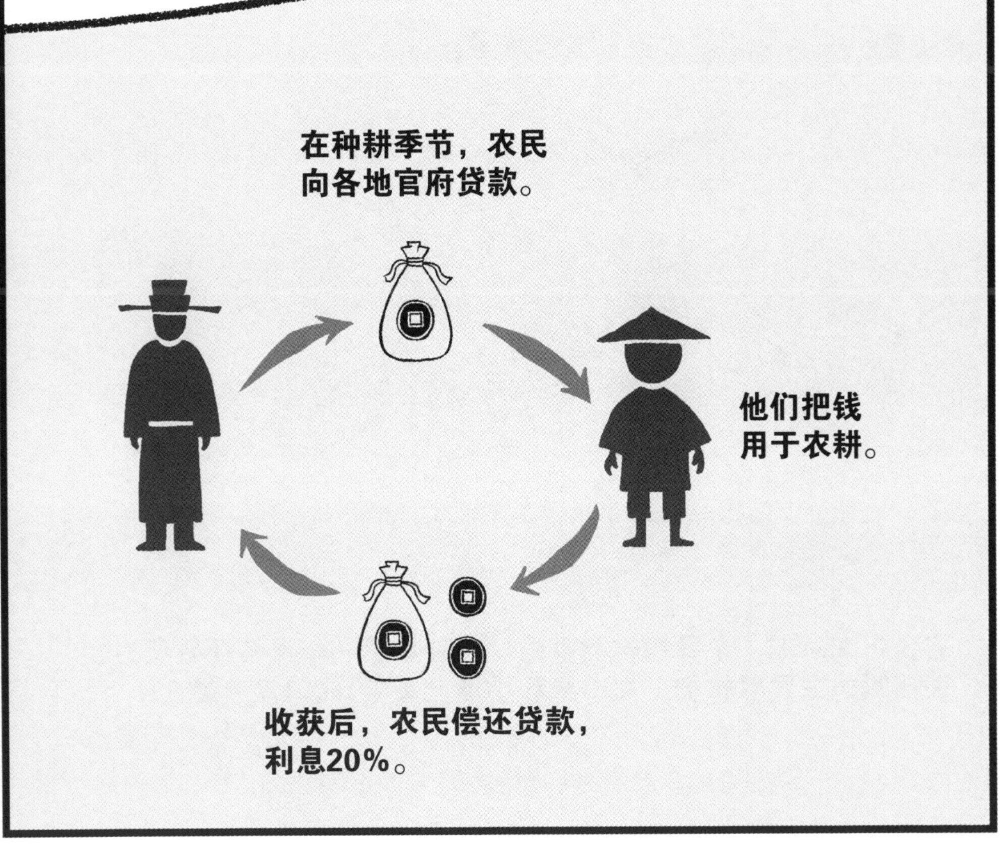
在种耕季节，农民
向各地官府贷款。
他们把钱
用于农耕。
收获后，农民偿还贷款，
利息20%。

为了提高生产力，
我们鼓励水稻种植。
水稻
五代十国时期，多季稻传到中国。这种水稻一年最多能收获3次，
而当时的主要农作物，如小米和小麦，每年只有1次收成。

种植水稻是一项劳动密集型的工程。
• 翻开表土，平整底土，再回填表土。这样，稻田的底层可以保持水分，而表土松软，有利水稻生长。
• 修建田堤和水渠，灌溉稻田，控制水量。
• 育苗、插秧、施肥、除草、除虫、收割。

种植水稻需要充足的灌溉用水，为此宋朝在全国营建了10,000多个水利项目。
水利工程
得益于华南的稻米生产，中国人口首次超过一亿 。

宋朝之前，大多数朝代
要求农民提供无偿劳役，
挤占了他们的农耕时间。
我们不强迫人们免费工作。
募役法
农民只需支付一小笔费用，
即可免除劳役。
地方官员收钱后
雇人干活。

科举考试
王安石通过科举考试招收官员，为新法改革提供执行者。
你可以花一辈子学习华丽的文藻、
高深的易经和远古的诗歌。
但是，国家现在需要的是逻辑清晰、
勇于担当的人才。
因此，科举考试将更加注重实用技能，
其次才是文学艺术。
成绩优异的考生将有机会从事以下政府工作：
* 管理商品价格，交易大宗货物，
稳定全国市场
* 管理公立孤儿院、医院、墓地

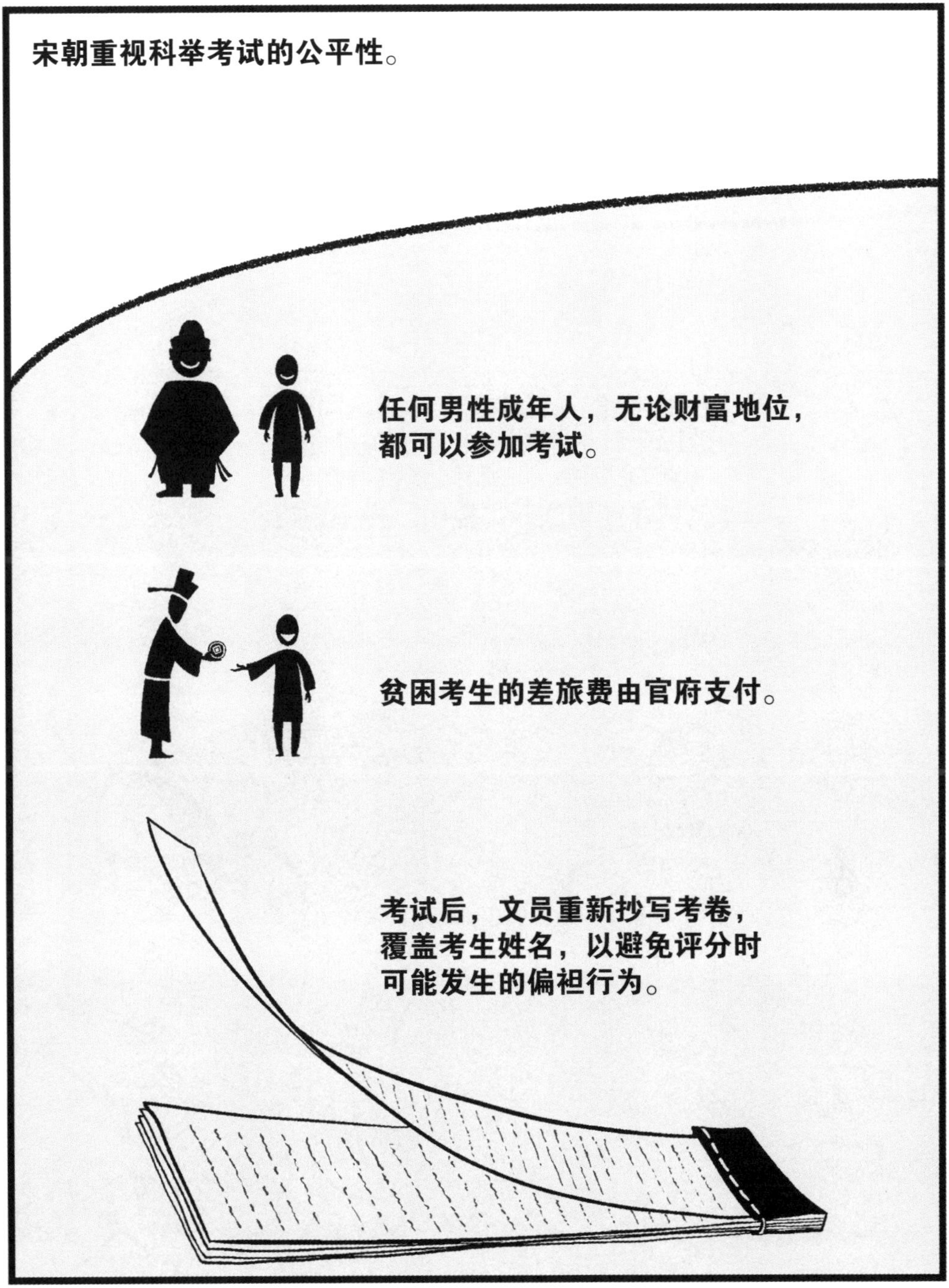
宋朝重视科举考试的公平性。
任何男性成年人，无论财富地位，都可以参加考试。
贫困考生的差旅费由官府支付。
考试后，文员重新抄写考卷，覆盖考生姓名，以避免评分时可能发生的偏袒行为。

精英家庭在孩子的教育上一掷千金。但在考试时，权贵子弟仍要与平民考生公平竞争。
孩子，我能保证你有充足的学习时间，数以千计的书籍和专业的辅导先生。但你必须努力学习，考试得高分，这样才能得到朝廷重用，光宗耀祖。

科举制度在宋朝达到顶峰。

考生人数急剧增加。

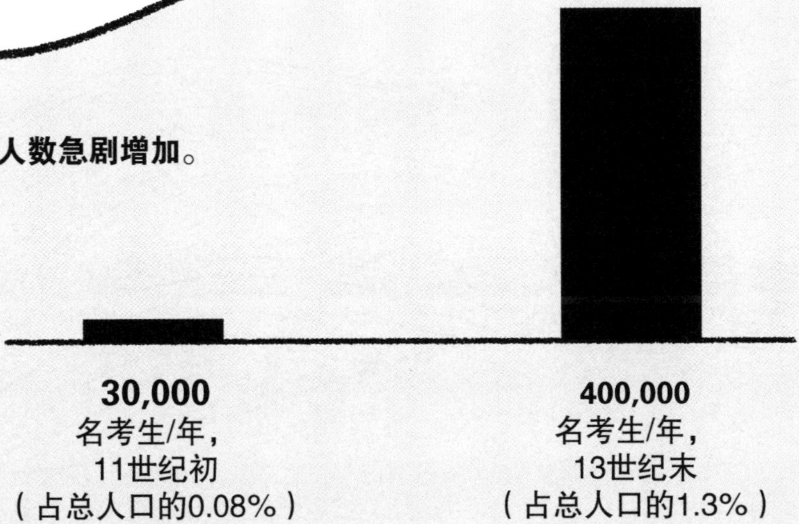

随着科举考试的扩大，文官进入宋朝的统治核心。

90%的宋朝丞相出自科举，为历代王朝之首。

因为科举制度鼓励人才而不是血统和关系，
50%的宋朝官员出身平民。

多位宋朝文官成为中国历史上的著名人物。
他们的作品流传至今。

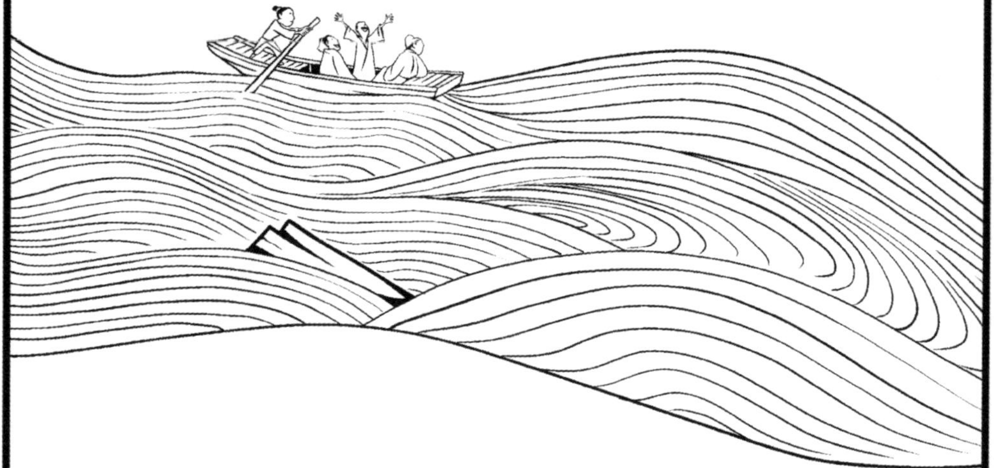

《岳阳楼记》
范仲淹（989－1052），副丞相

不以物喜，不以己悲。

先天下之忧而忧，后天下之乐而乐。

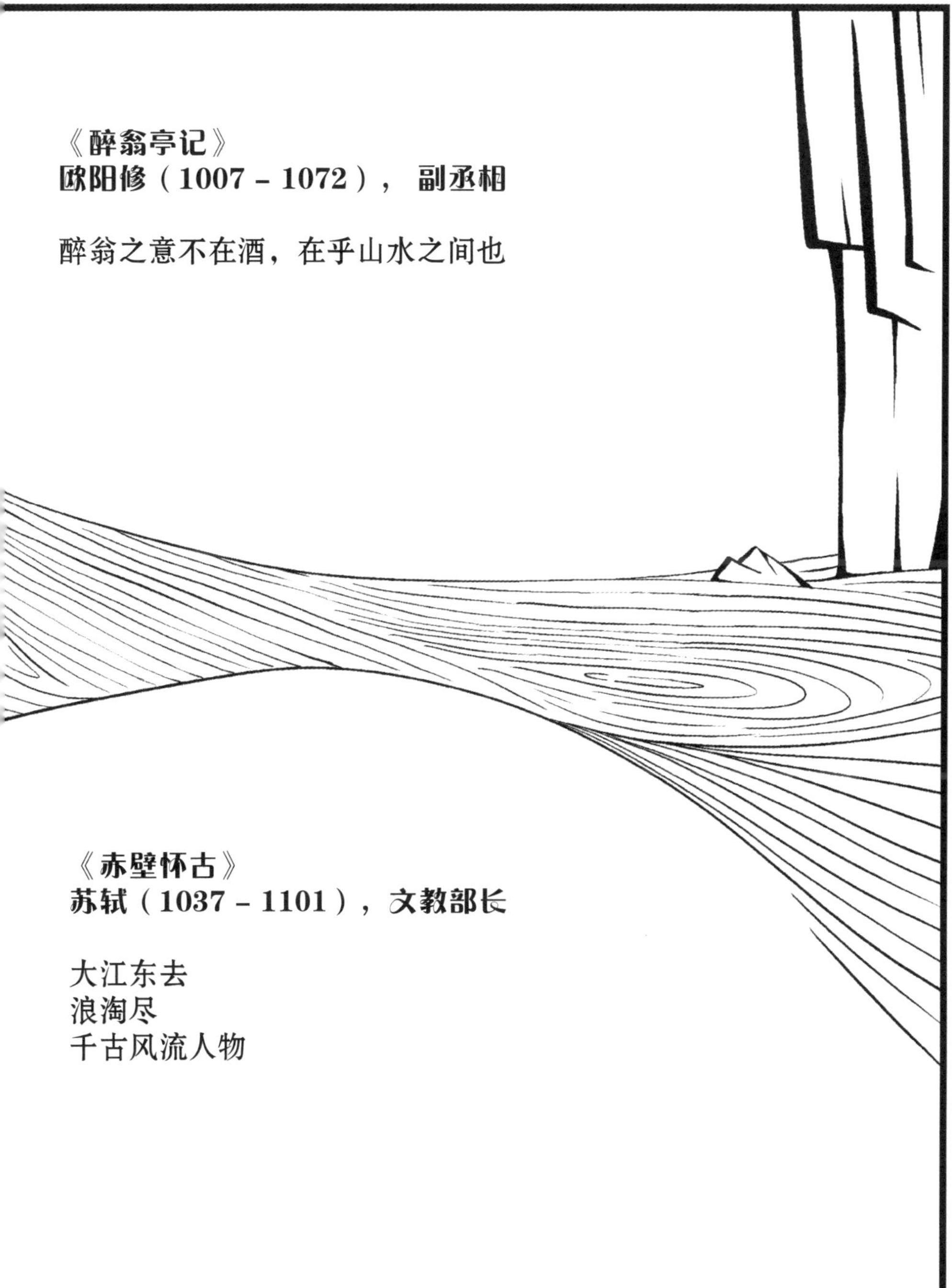
《醉翁亭记》
欧阳修（1007 - 1072），副丞相
醉翁之意不在酒，在乎山水之间也
《赤壁怀古》
苏轼（1037 - 1101），文教部长
大江东去
浪淘尽
千古风流人物

技术进步：火药、指南针、活字印刷

王安石渴望利用技术促进经济增长。

10年后，这些受过训练的专家推出100多项发明，并将其推广应用。

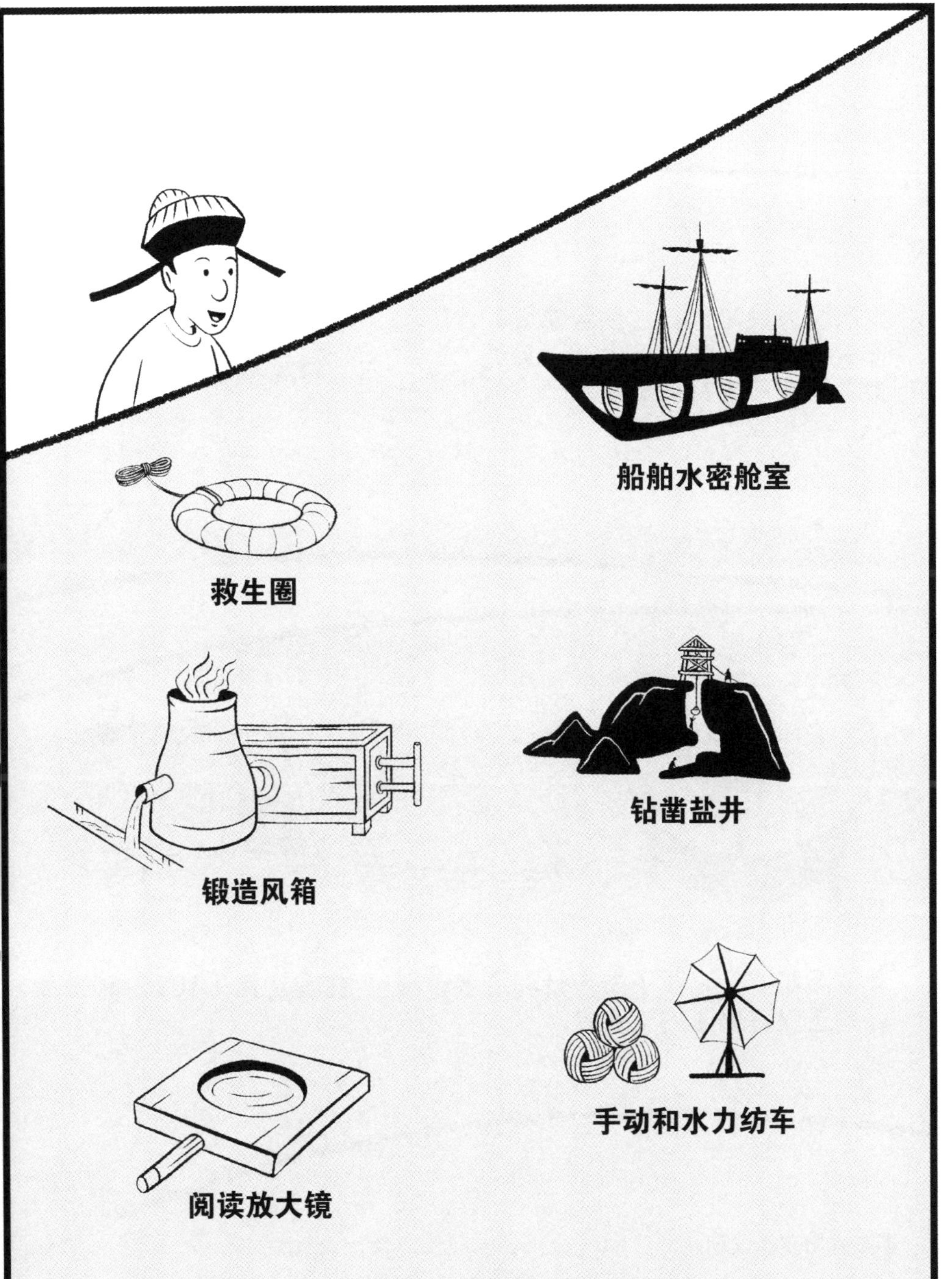
船舶水密舱室
救生圈
钻凿盐井
锻造风箱
手动和水力纺车
阅读放大镜

中国四大发明中有三个是在这个时期创造的*。

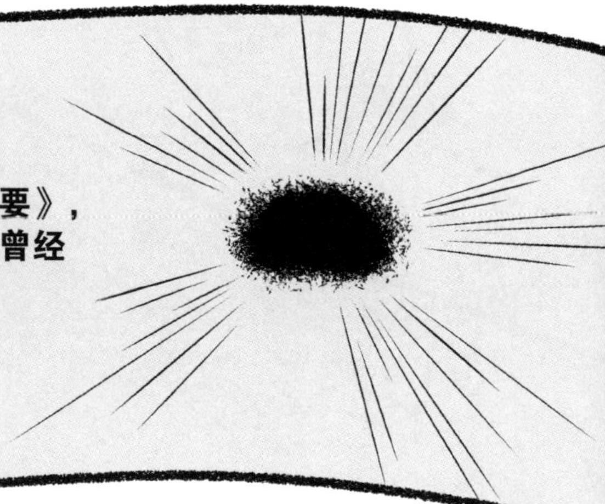

火药配方最早出自《武经总要》，作者曾公亮（998 – 1078）曾经力荐王安石主持新法改革。

《梦溪笔谈》记录了指南针和活字印刷， 作者沈括（1031–1095）曾是王安石变法的支持者。

*造纸术出现于汉朝。

《清明上河图》

王安石变法获得成效。

12世纪初，宋都汴京成为全国的经济中心，其人口超过100万，是当时世界上最大的城市。

一位宋代画家在《清明上河图》中描绘了当时的繁荣景象，这幅画是迄今为止最有名的中国绘画作品。

画卷长 5.28 米，人物814个，记录了都城内外的日常生活场景。

各地商人进京交易，商业贸易十分活跃。
许多商家晚上营业。中国人第一次有了夜生活。

战事又起

经过10年的新法改革，宋神宗觉得国力强盛，可以再次征讨外敌。

但宋军出师不利。
大军兵临夏朝首都，但久攻不下。
战事拖到冬季。期间敌军骚扰后方供应，造成我军缺少冬装、粮草和武器 。
敌人突然反攻。我军损失60万！
前线噩耗不断，我常半夜惊醒，无法入眠，只得围床踱步到天亮……
宋神宗
1085年，这位37岁的皇帝在郁闷中去世。王安石一年后相继病逝。

艺术家皇帝

宋神宗的继任者们继续征夏。至宋徽宗时，宋军收复宋夏边界一段战略山区，准备发动总攻。

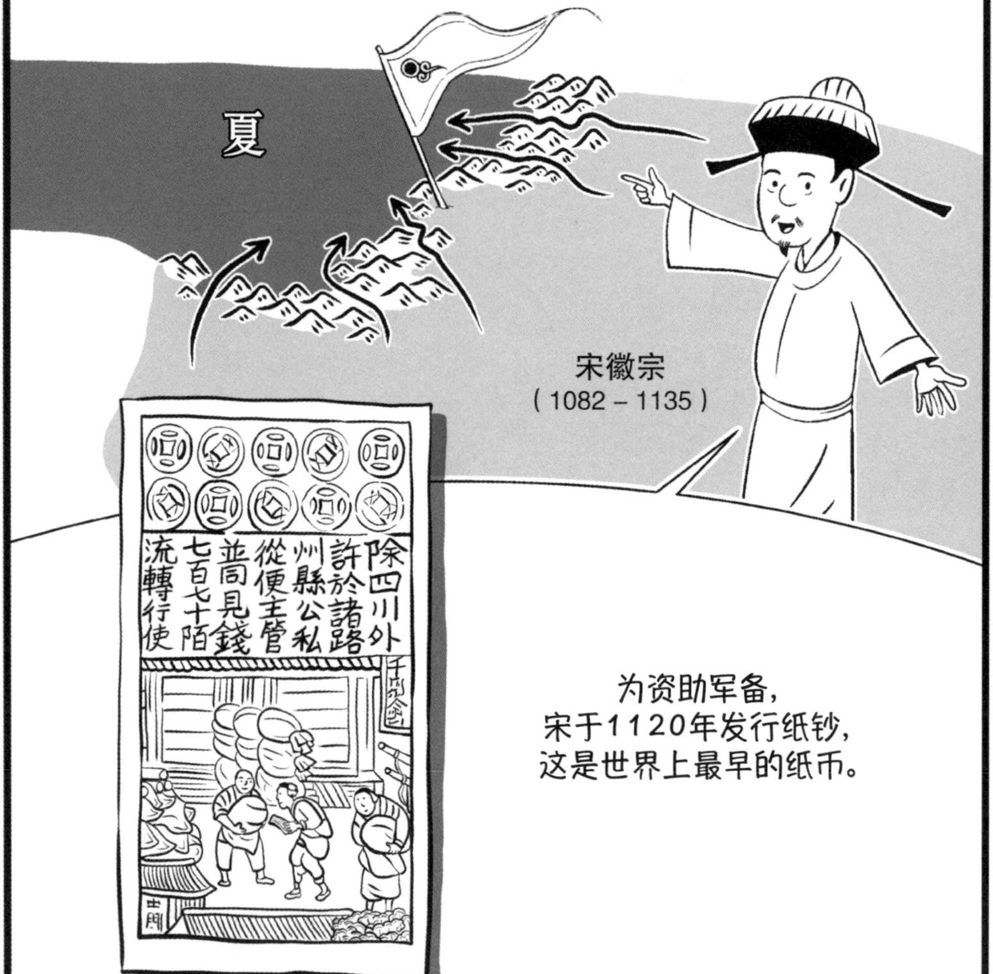

宋徽宗是中国历史上最富艺术造诣的皇帝之一。
他是一位受人尊敬的诗人、音乐家、画家和书法家。

他的书法成为电脑的中文字体 – 瘦金体。

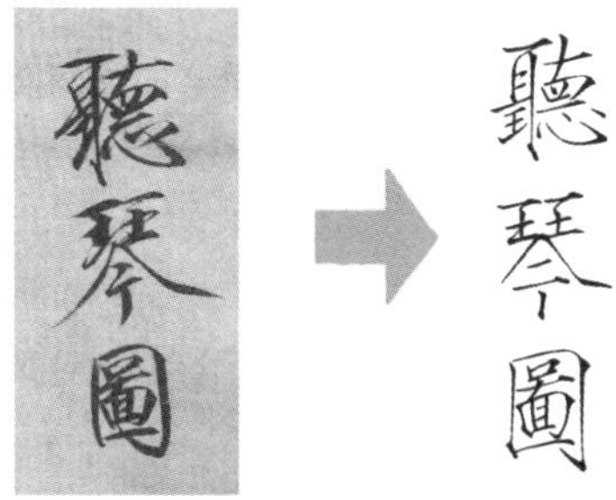

宋徽宗还致力在精神上超越辽夏。

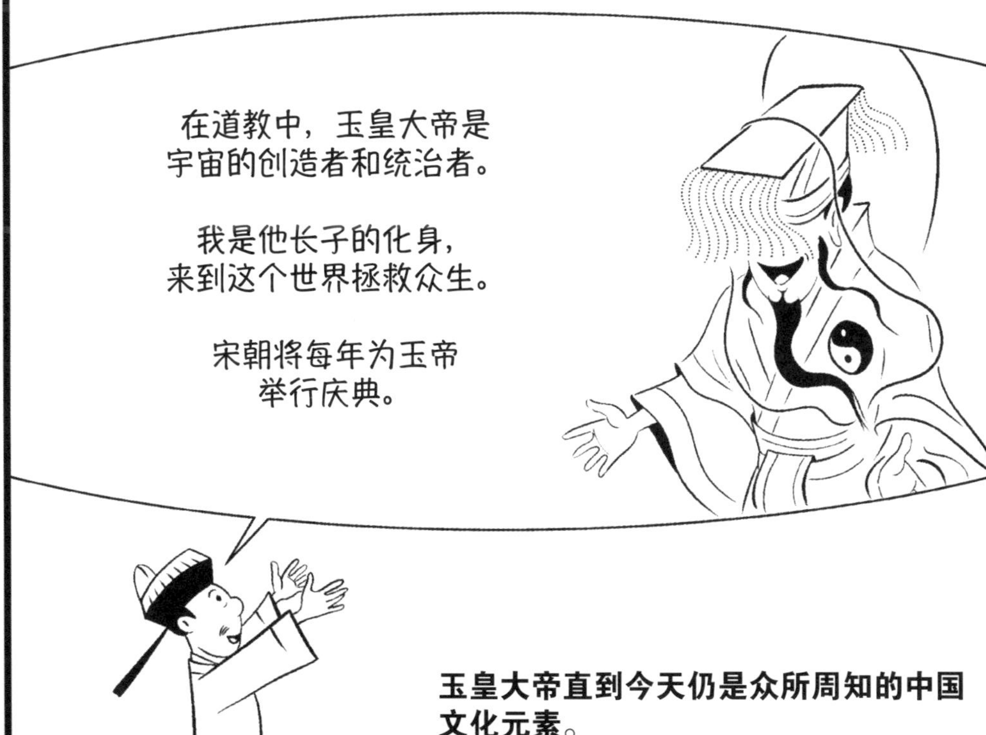

玉皇大帝直到今天仍是众所周知的中国文化元素。

女真的崛起

在辽国的援助下，西夏勉强抵挡住宋军的连番攻势。于此同时，1114年前后，东北亚的女真部落开始崛起。

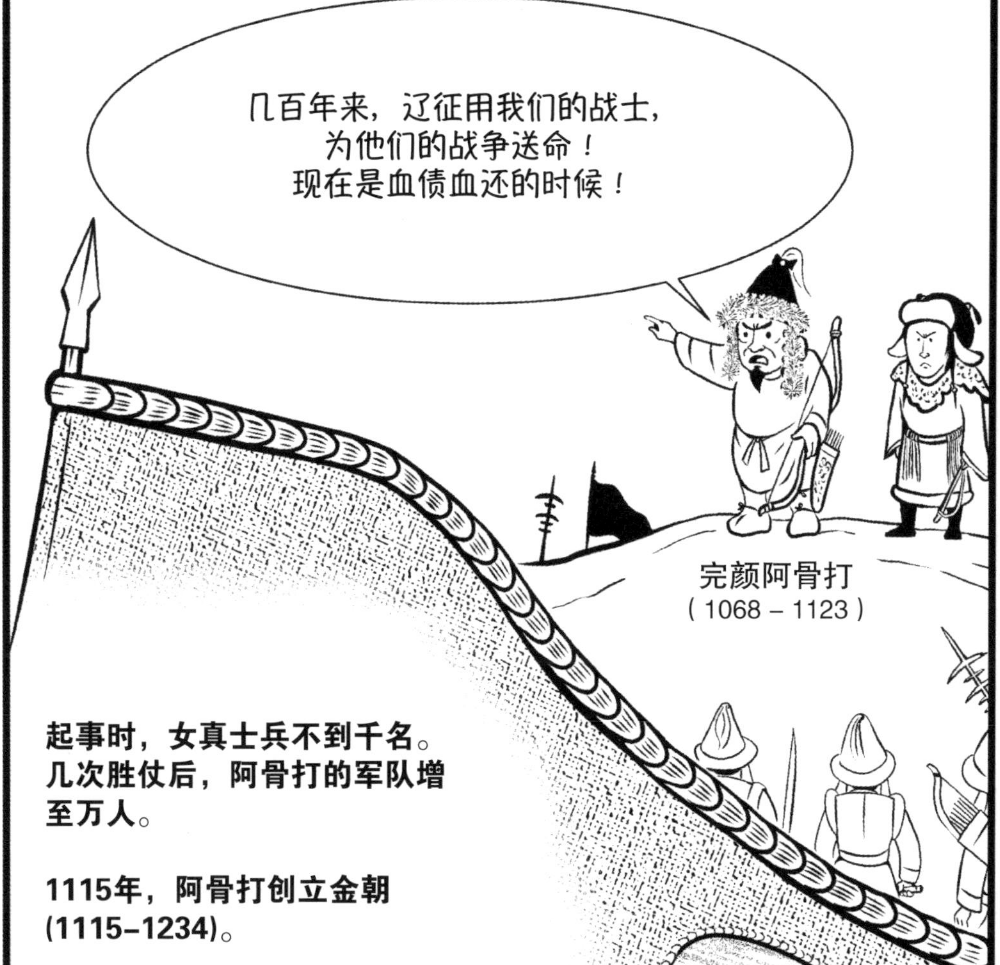

起事时，女真士兵不到千名。几次胜仗后，阿骨打的军队增至万人。

1115年，阿骨打创立金朝(1115–1234)。

为尽快击败对手，金邀请夏和宋从三面围攻辽国。
辽的领土，谁占就归谁！
夏和宋接受了盟约。1125年，辽国崩溃。

仅仅10年，金从一个小部落跃居成为北方强国。
我们占有大部分辽国土地。多数辽军向金朝投降。

北宋之难

1127年，金兵突袭宋都，俘获宋徽宗及宗室和几乎整个朝廷。宋朝在北方的统治，即北宋时期，就此结束。

金掳走宋朝君臣百姓14,000名，其中女性11,635人。

你要我们干什么？
让我算算，
10个男的可以换1匹马。
1位宋朝公主值10两黄金。

宋徽宗的21个女儿都在我们这。
最大的28岁，最小的4岁。
抵达金国后，少数宋人进宫服役。
一些沦为奴隶。
多数被折磨致死。
曾为天子的宋徽宗也死在异国他乡。

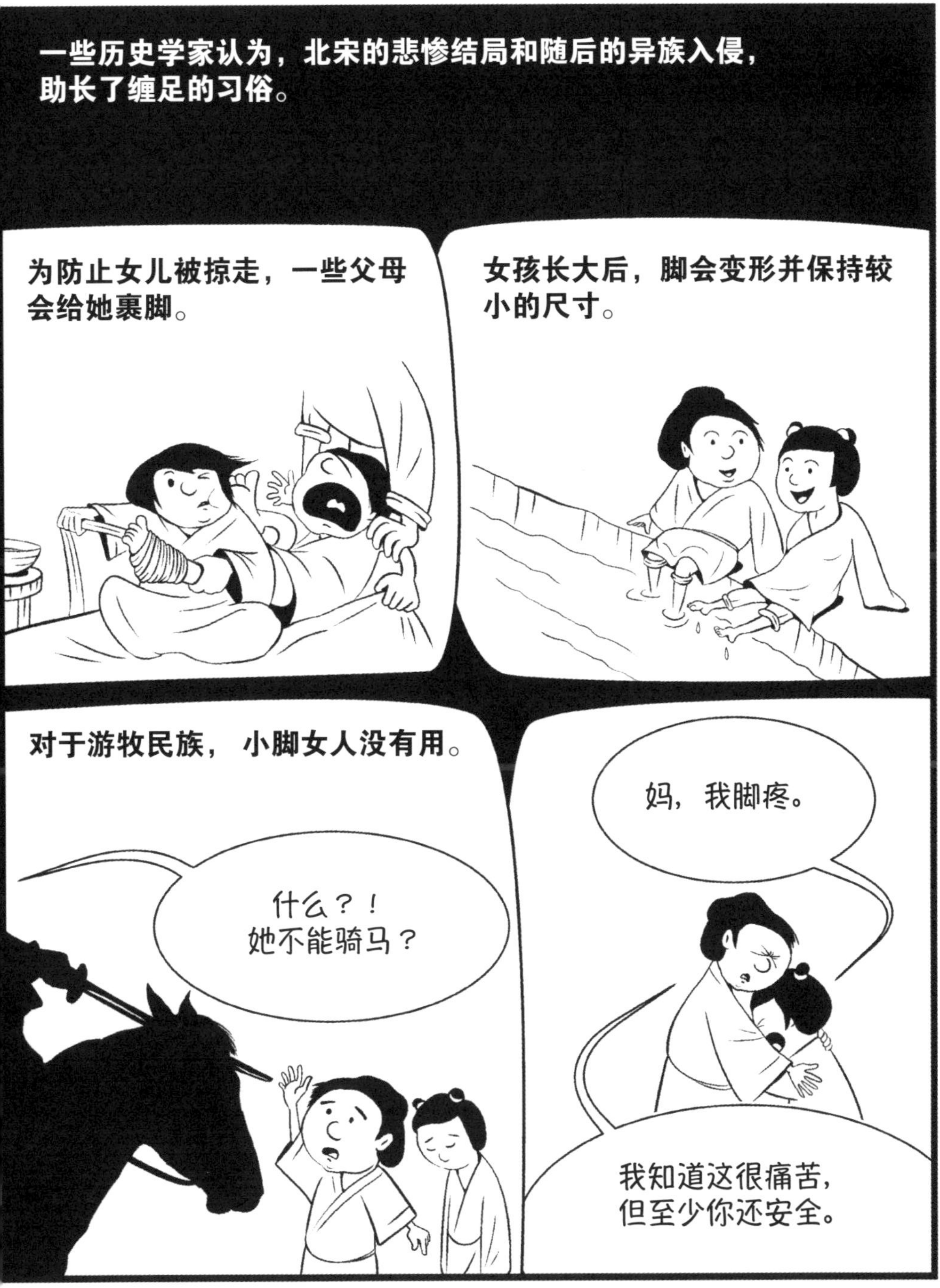
一些历史学家认为，北宋的悲惨结局和随后的异族入侵，助长了缠足的习俗。
为防止女儿被掠走，一些父母会给她裹脚。
女孩长大后，脚会变形并保持较小的尺寸。
对于游牧民族，小脚女人没有用。
什么？！
她不能骑马？
妈，我脚疼。
我知道这很痛苦，
但至少你还安全。

14世纪的一部著名小说描写了北宋末年的情景。

这部经典讲述了108个绿林好汉的故事。这些人被逼造反，汇集梁山后发展壮大。后来他们被朝廷招安，加入宋军，平息各地叛乱，抵抗外族入侵。

退避南方
宋徽宗之子赵构侥幸逃脱金兵的追捕。
赵构
(1107 – 1187)
1127年6月，赵构称帝，建立南宋王朝 (1127 — 1279)。
100万难民跟随赵构逃到南方，其中包括2万官员和40万士兵。

南宋没有一支可靠的军队。
起初有两个将军要挟朝廷，强迫我放弃皇位。
其他将领前来救驾，然后他们又要控制我。
许多武将坚持抗金。实际上，他们以战争为借口积攒实力。
有些人假造战报，以加官晋爵，骗取军费，掩盖失败。

南方各地的骚乱进一步削弱了南宋。
金
每个省都有匪帮若干，
每群匪帮至少有10万人。

我别无选择，只能向金求和。
如果任凭战事发展，南宋不仅无法收复北方，
而且还会丢掉南方。

金国也无力再战。
金击败辽和北宋之后，
拥有大片土地和人口，
金国族人已分散各地。
我军将士开始穿着华丽，
通宵聚会，变得富有而软弱，
失去了游牧民族的传统和斗志。

1141年，金和南宋签署《绍兴条约》。从此，3,000万北方汉人成为金国臣民，占当时中国总人口的30%。

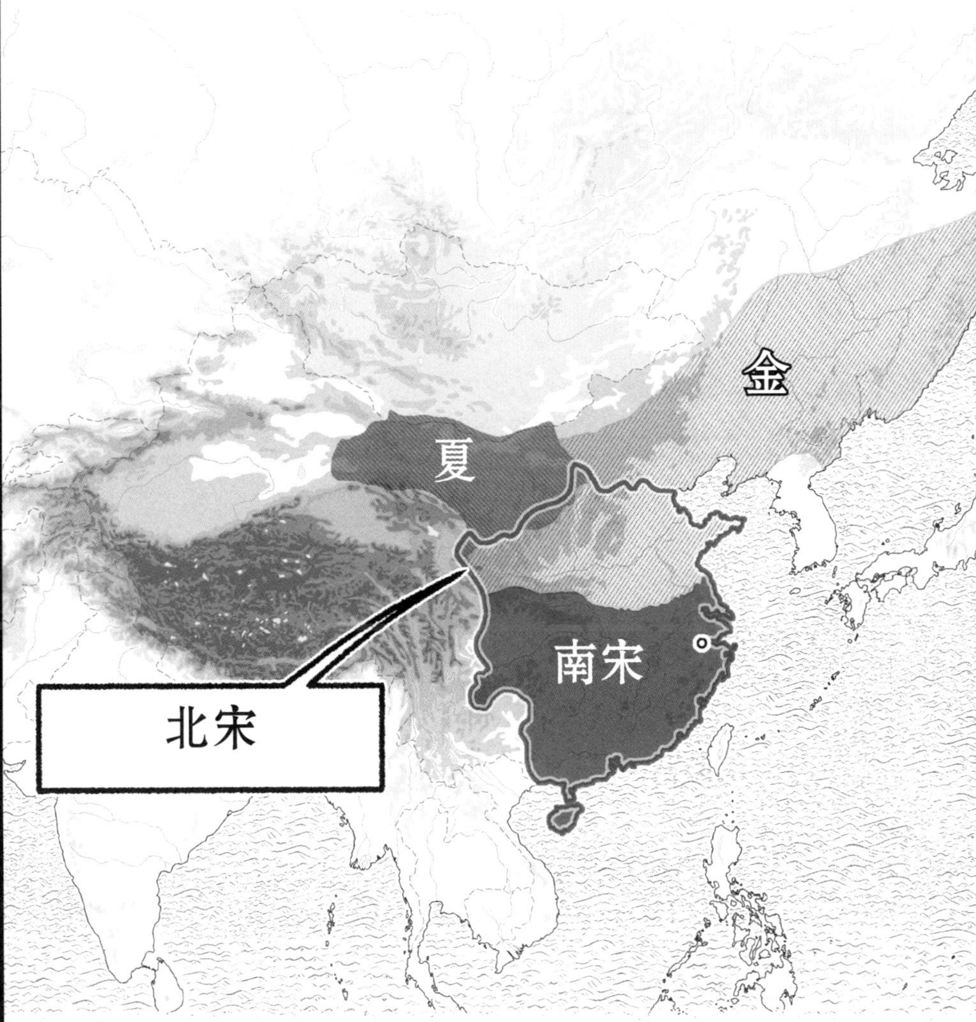

◎ 首都临安（今杭州）

对于金国统治下的汉人，生活依旧照常。
原来我向宋朝皇帝缴税，现在我向金国皇帝缴税。谁当皇帝都一样！

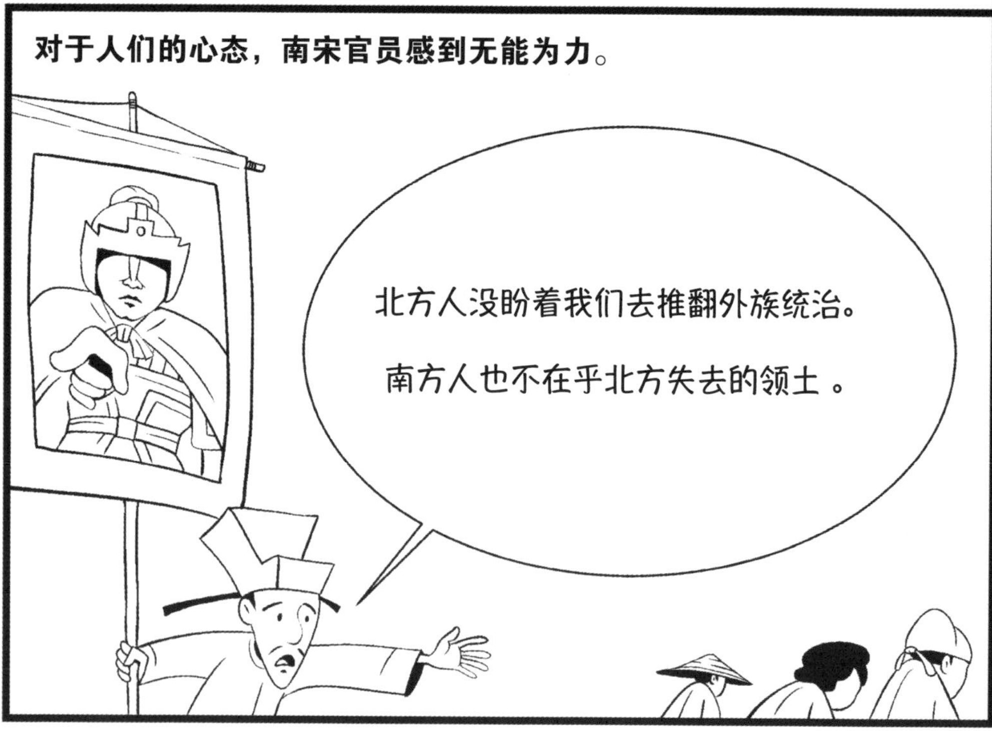
对于人们的心态，南宋官员感到无能为力。
北方人没盼着我们去推翻外族统治。南方人也不在乎北方失去的领土 。

许多人不把敌人视为异族，
而是把他们看成新的王朝。
你不能怪他们。
在传统的儒家教义里，只要能给人民带来和平，
任何人都可以登上皇位。
社会没有民族认同感。这就是为什么我们的军人可以投敌，
民众可以臣服外族，我朝也就无力收复失地。
树立更强的民族意识， 我们必须改变儒家思想！

理学运动

宋代的思想家们试图改革儒学，他们的理论探索促成了理学思想的形成。在后来的800年中，理学成为社会的主流意识形态。

南宋学者朱熹(1130 – 1200)是最具影响力的理学家之一。

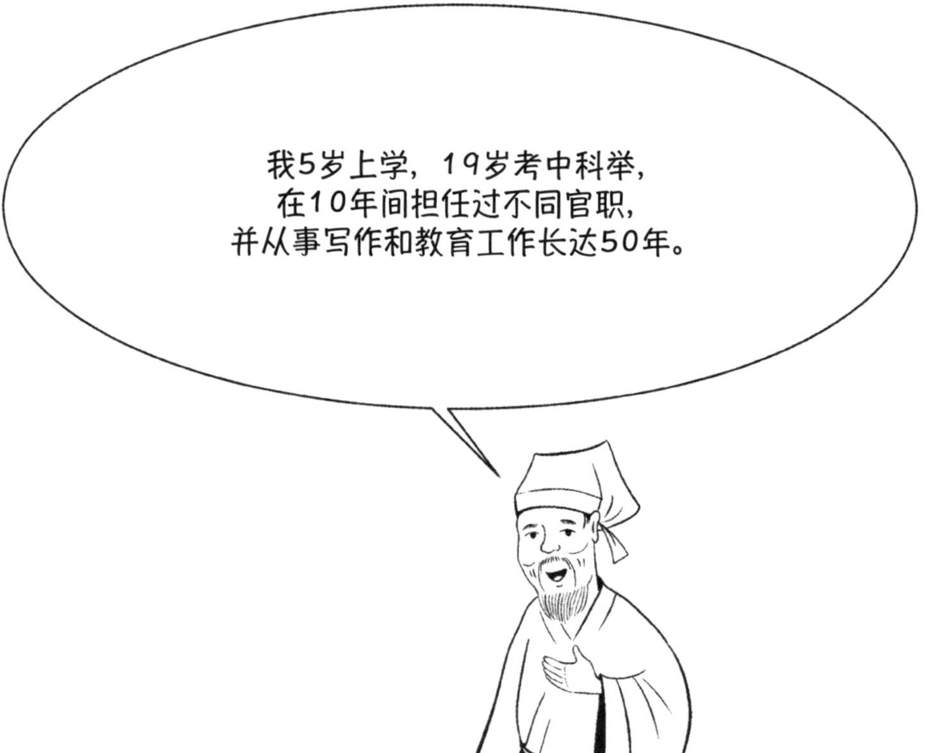

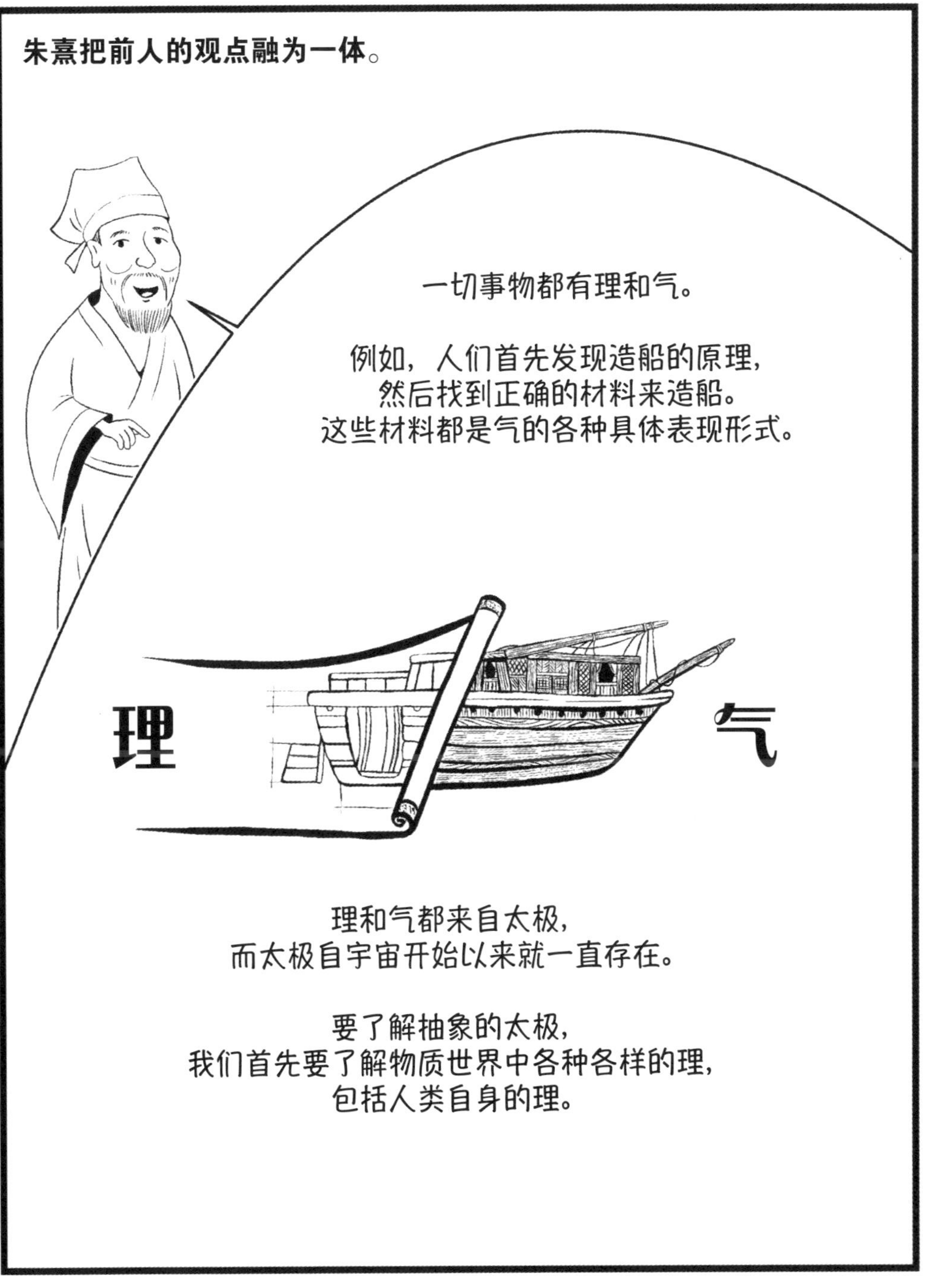
朱熹把前人的观点融为一体。
一切事物都有理和气。
例如，人们首先发现造船的原理，
然后找到正确的材料来造船。
这些材料都是气的各种具体表现形式。
理
气
理和气都来自太极，
而太极自宇宙开始以来就一直存在。
要了解抽象的太极，
我们首先要了解物质世界中各种各样的理，
包括人类自身的理。

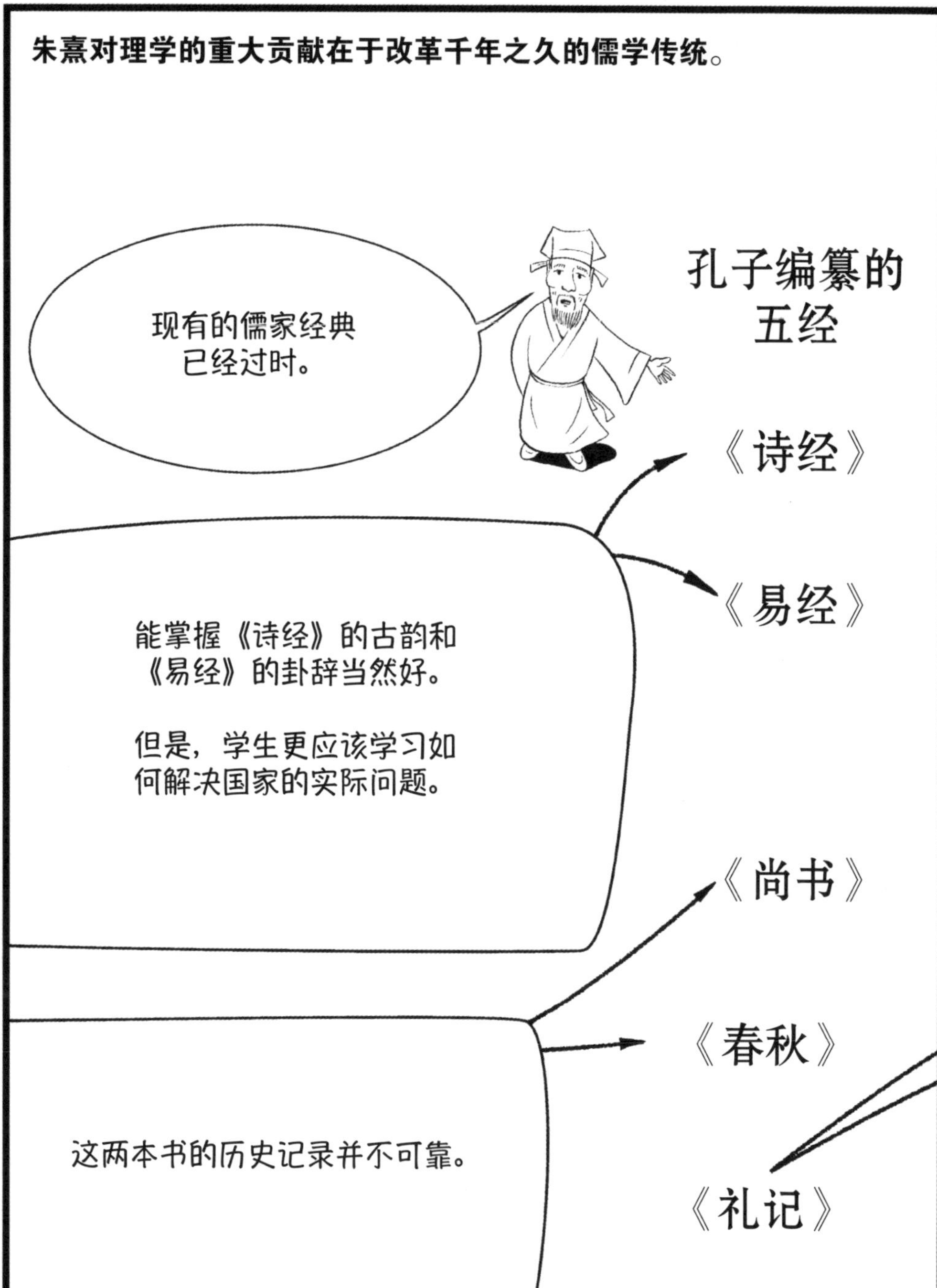
朱熹对理学的重大贡献在于改革千年之久的儒学传统。
现有的儒家经典已经过时。
孔子编纂的五经
《诗经》
《易经》
能掌握《诗经》的古韵和《易经》的卦辞当然好。
但是，学生更应该学习如何解决国家的实际问题。
《尚书》
《春秋》
这两本书的历史记录并不可靠。
《礼记》

《礼记》侧重行为规范，具有一定的实用性。
我从其中49章挑选了2篇，用于教学。
我的新课程会启发学生思考
为何学习，如何做人。
朱熹编纂的
四书
《大学》
《中庸》
《论语》
《孟子》

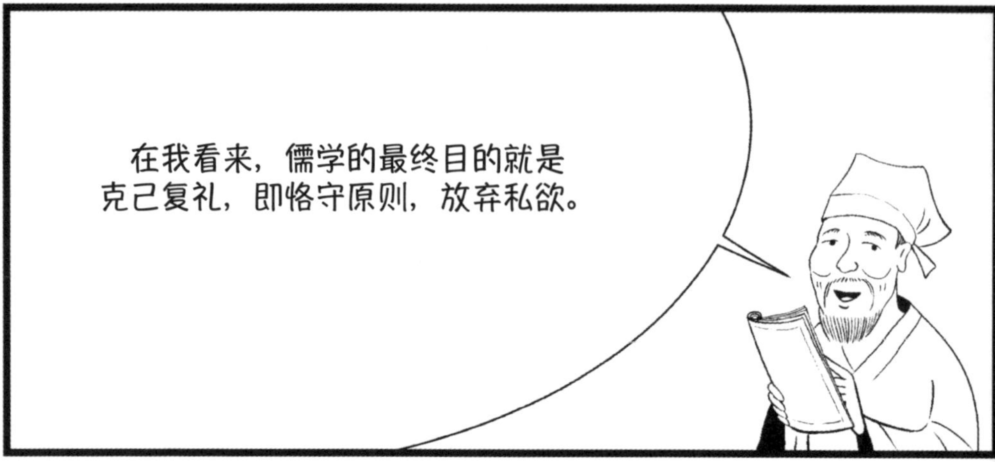
在我看来，儒学的最终目的就是
克己复礼，即恪守原则，放弃私欲。

每个人都有善良的天性。
但好的天性还不够。
我们必须遵循社会的行为规范，
培养自身的道德修养。
对于学生来说，
最好的方式就是
读书学习。
然后思考如何利用
获得的知识来指导
日常行为。

在当时的官办学校，所有学生必须学习五经才能通过科举考试。

受朱熹启发，一些地方官员和学者开办了类似的学院。因为他们的努力，四书日后才有可能成为新儒学的教义，并一直沿用到1905年。

朱熹是中国历史上最高产的学者之一。
他的现存作品共有1,350万字，涵盖历史、哲学、政府、教育、艺术、仪式和礼仪等主题。
在他的带动下，家庭首次进入儒学的核心。
以前的仪礼书籍关注国家庆典，我的书面向家庭。
《家礼》
每日礼仪
着装
婚礼
葬礼
祭祖

后人把朱熹的思想编汇成儿童读物。
《三字经》
这本书教给孩子们家庭观念和实用知识。每句话只有三个字，很容易记。

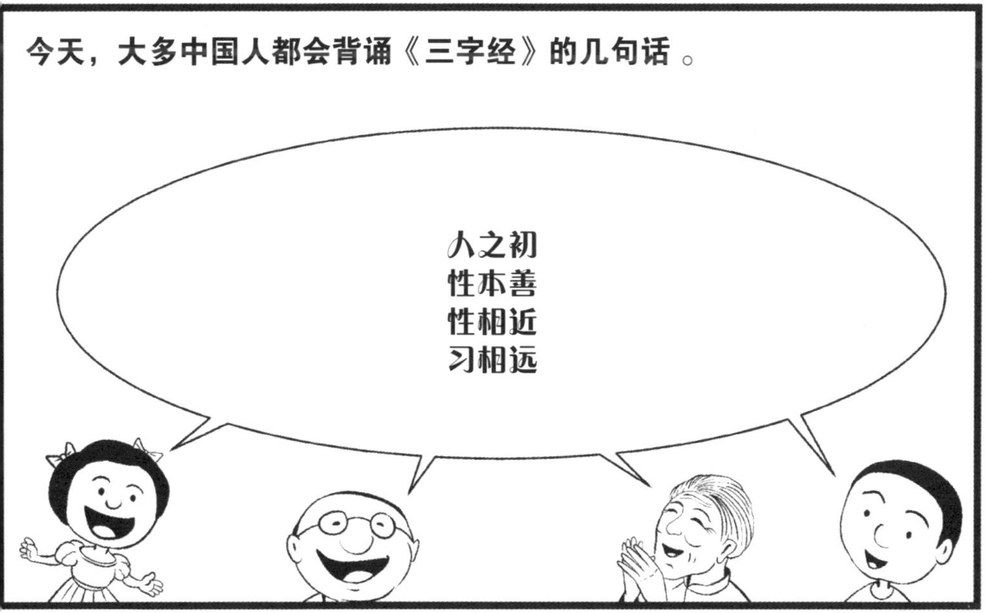
今天，大多中国人都会背诵《三字经》的几句话 。
人之初
性本善
性相近
习相远

朱熹和其他理学家将新儒学运动推到新的高度。
他们的理学世界观和教义通过印刷术得到普及。在外族不断入侵的年代，理学家们回答了什么是中国人这一重大命题。

1194年，朱熹成为皇家顾问。
随后不久，他不幸卷入朝廷的派系斗争。
我们必须北伐，收复中原！
宋朝没有足够的骑兵和供给，如何跟金兵作战？
韩侂胄（1152 – 1207），外戚将领
赵汝愚（1140 – 1196），宗室宰相
宋宁宗（1168 – 1224）
我们应该通过理学加强内务，然后才能对付外患。

皇帝选择支持军方。
你天天坐在屋中，除了理学啥也不干，骨气尽丧。
赶走赵汝愚、朱熹等59名理学之徒！禁绝理学！

1206年，韩侂胄北伐。
金军随即反击。

北伐失败，宋宁宗迫切需要重新凝聚社会共识。
恢复理学。所有学校必须使用朱熹的四书。

蒙古帝国

（1206 – 1368）

当宋金交战之际，中亚高原的蒙古游牧民族于1206年结成联盟，其首领自称成吉思汗。

在13世纪，蒙古骑兵横扫亚洲和东欧，建立了史上最大的陆地帝国。

中国是蒙古征服世界的起点和高潮。

蒙古族来自室韦（契丹分支），靺鞨（女真人的祖先）和回鹘。

蒙古帝国的成吉思汗名叫铁木真（1162－1227）。

出生于一个部落酋长家庭，铁木真成长在动荡的年代。

铁木真看到父亲被谋杀。
他的妻子被绑架。
为统一蒙古，铁木真先后与100多个部落交战。
人生还有比杀死敌人，抢其财产，夺其妻女更快乐的事吗？

铁木真自称成吉思汗后，金国成为他的第一个目标。

（百万）	人口	军队
蒙古	0.7	0.1
金	54	1
宋	80	0.8
夏	1.2	0.6

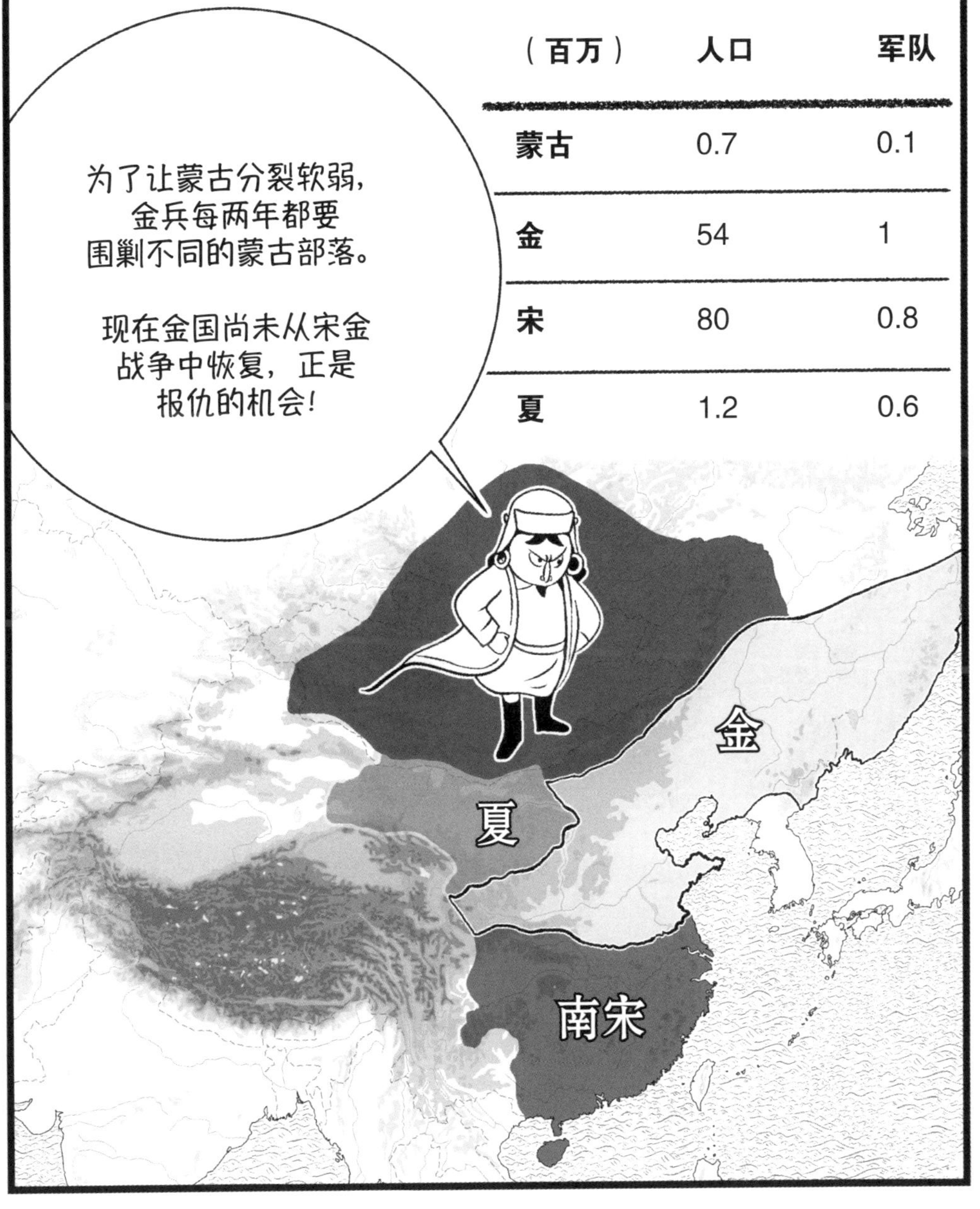

蒙古征服世界的起点

1211年，蒙古发兵9万入侵金国，只留下2,000兵士守卫大本营。

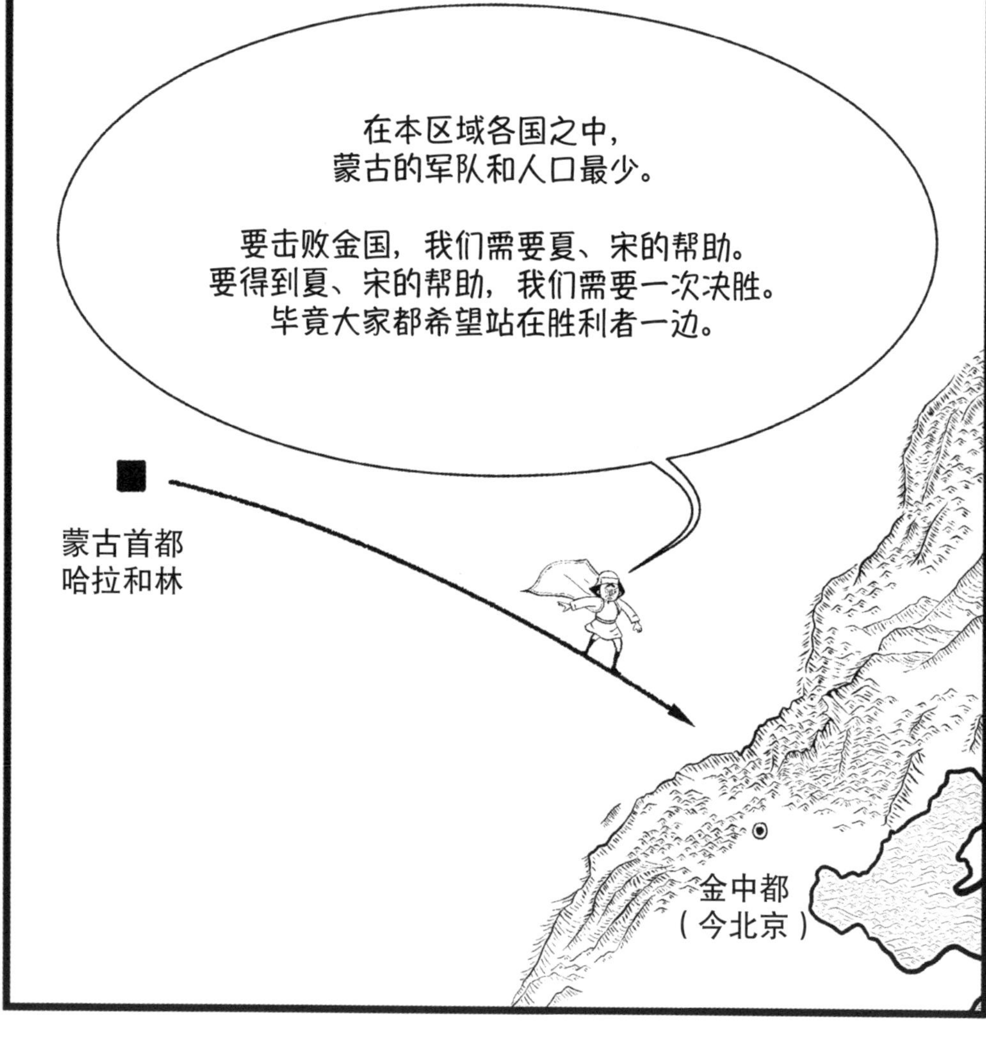

八月间，蒙古人抵达金中都以北200公里的金军防线。

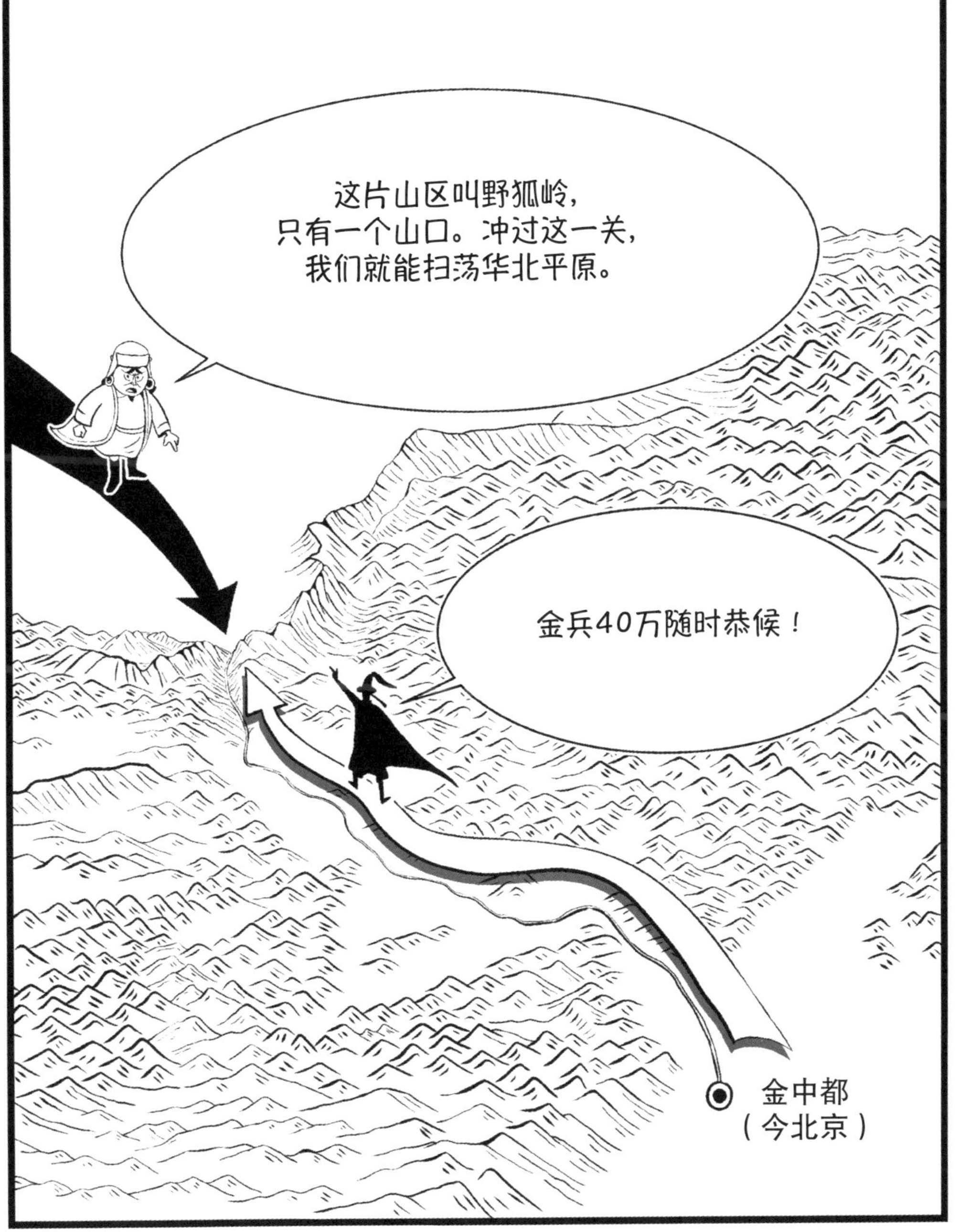

交战当天，成吉思汗率军到达山口。
冲啊！突破敌人前沿防线，
摧毁敌指挥部和后方供给！

金军箭石从天而降。

蒙古骑兵迎面而上。

突然，金军后方大乱。

前一天晚上……
你们从獾儿嘴上山。
那里山势陡峭，
敌人不会料到
我们从这里进攻。
獾儿嘴
野狐岭山口
10公里
金军指挥部
和供给基地

当金军严防死守山口之时，这支蒙古分队悄悄爬上山……
……突袭岗哨……
……然后沿山脊前进，从背后攻击金兵。

偷袭扰乱了金兵防线，蒙古骑兵趁机冲过山口，直捣金军指挥部和供给营地。
金兵见状四散而逃。

獾儿嘴大战是历史上最血腥的战役之一。
金军损失近40万。
蒙古帝国视此战为最辉煌的胜利。

战败的金国身陷孤立。
西夏加盟蒙古，与金交战十年之久。
为挽回部分损失，金攻击南宋。
獾儿嘴大战数年后，金已三面受敌。

蒙古获取地区霸权，并开始迅速扩张。

成吉思汗的主攻方向在南侵中国和西征中亚之间交替轮换。
每一次胜利都给他带来更多的土地、金钱和奴隶。

夏和金的毁灭

1224年，西夏开始公开抗拒成吉思汗。

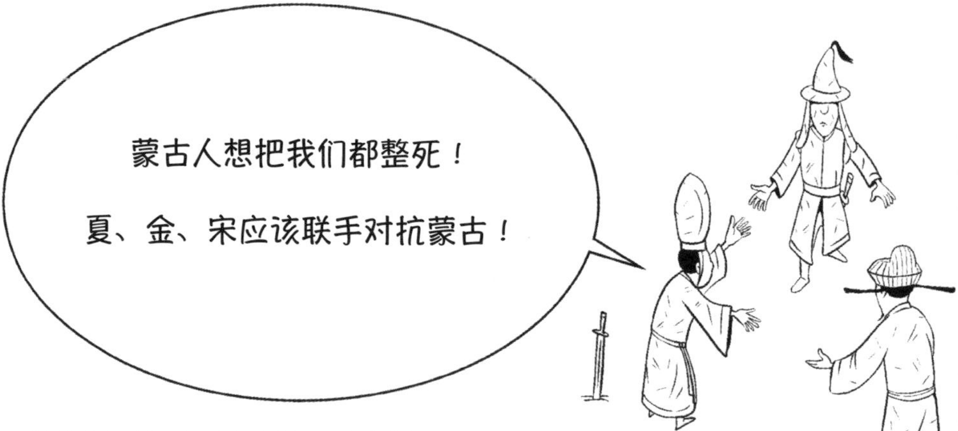

成吉思汗以压倒性的优势讨伐西夏。1227年，蒙古军队攻克夏都。

在这次征战中，成吉思汗暴病身亡。

窝阔台汗继任后，继续南侵。金国此时已无力回天。

南宋发兵北上，试图收复北方领土。

1234年，金军防线彻底崩溃，金国灭亡。

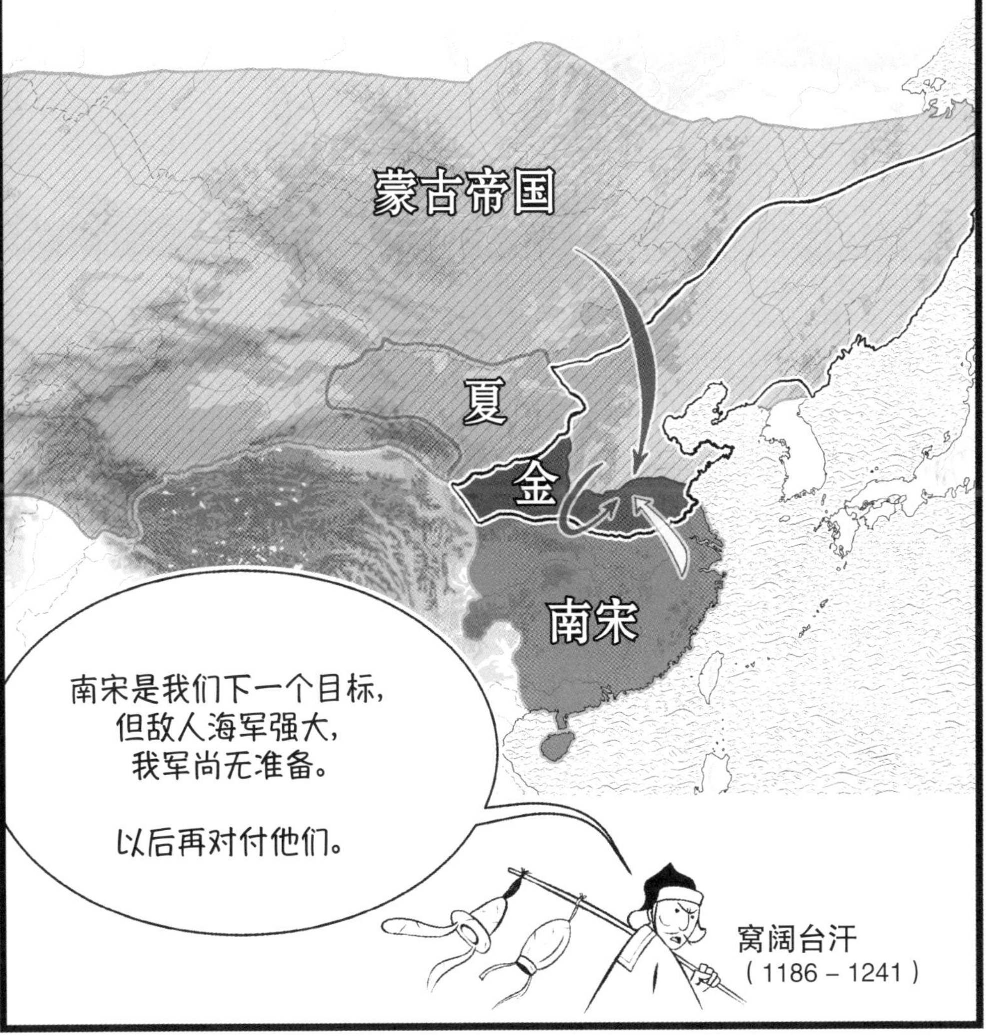

空前繁荣的南宋
蒙古暂缓南侵，
南宋却不敢松懈战备。
除了庞大的步兵，我们还有
5.2万海军和22个舰队。
我们的战船装备有桨轮，
船上的弹射器可以发射火焰弹。

南宋
临安
(今杭州)
多亏我们有这些地理和经济优势，
可以负担得起庞大的军费：
大多数水稻产地集中在南方
庞大的内河航线
海岸线长，有多个港口，适于国际贸易

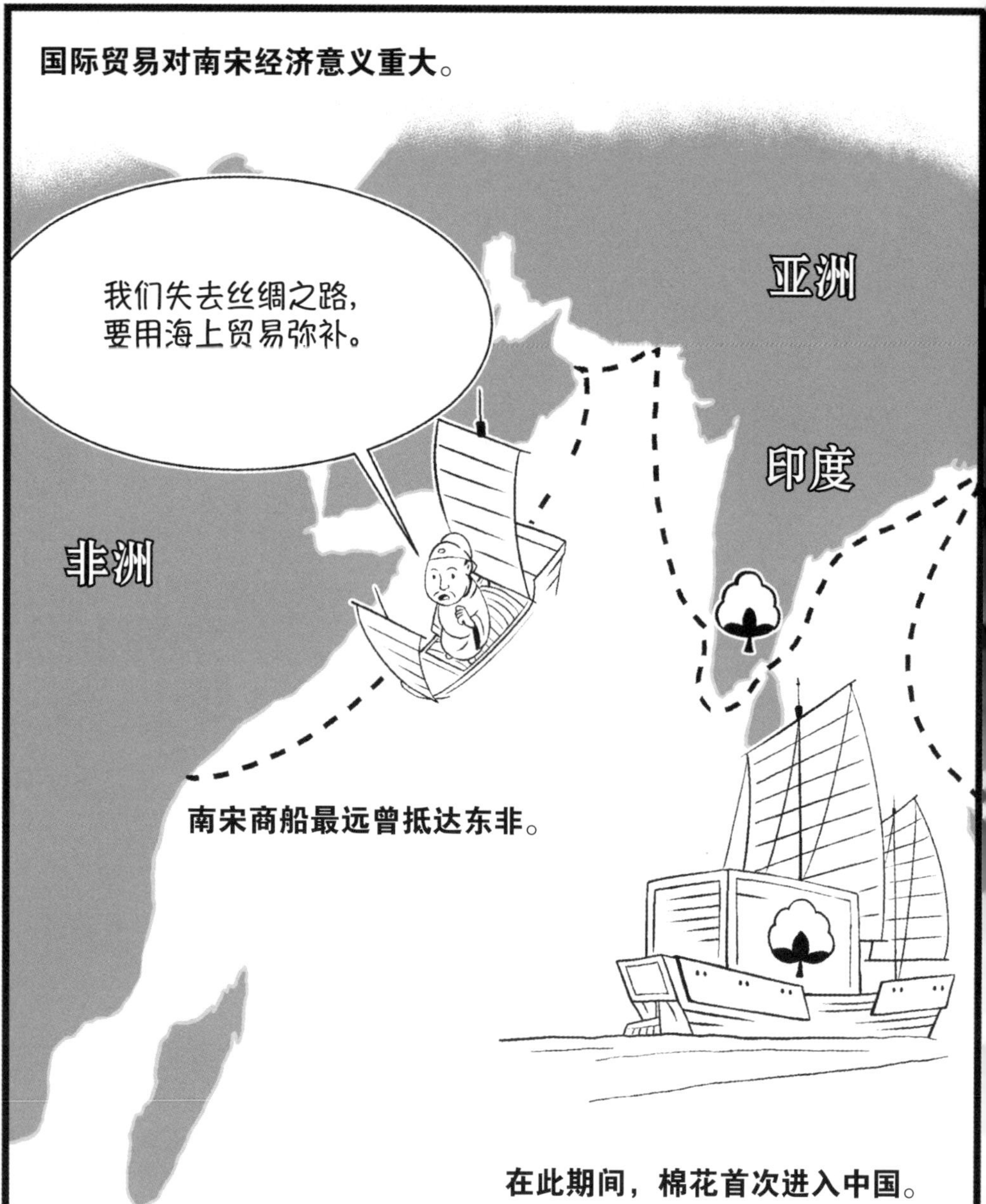
国际贸易对南宋经济意义重大。
我们失去丝绸之路，
要用海上贸易弥补。
亚洲
印度
非洲
南宋商船最远曾抵达东非。
在此期间，棉花首次进入中国。

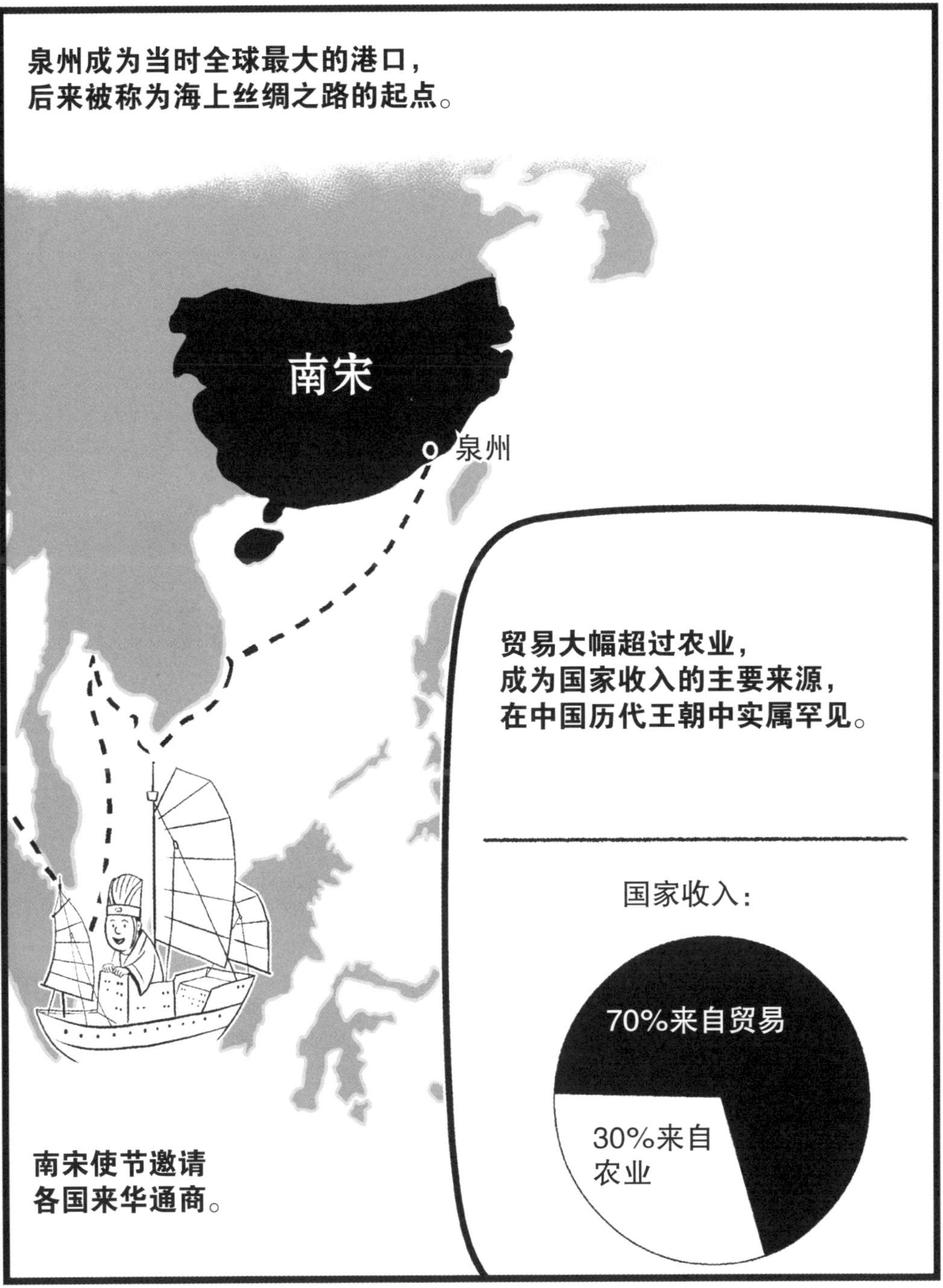
泉州成为当时全球最大的港口，
后来被称为海上丝绸之路的起点。
南宋
泉州
贸易大幅超过农业，
成为国家收入的主要来源，
在中国历代王朝中实属罕见。
国家收入：
70%来自贸易
30%来自
农业
南宋使节邀请
各国来华通商。

贸易改变了农民的生活。
宋朝之前，乡村生活
数千年来变化甚少。
我们种粮食，然后拿出
一部分收成交税。
我们每年买一次
盐和衣服。
在大多数情况下，
我们呆在一个地方。

在南宋的贸易鼓励政策下，更多的家庭可以种植经济作物或制作手工产品。
我拿产品卖钱，再用钱来交税。
菜
酒
炭
纸
布
现在像我这样的平民可以各地走动，寻找新的生计，这是历史上的头一回。

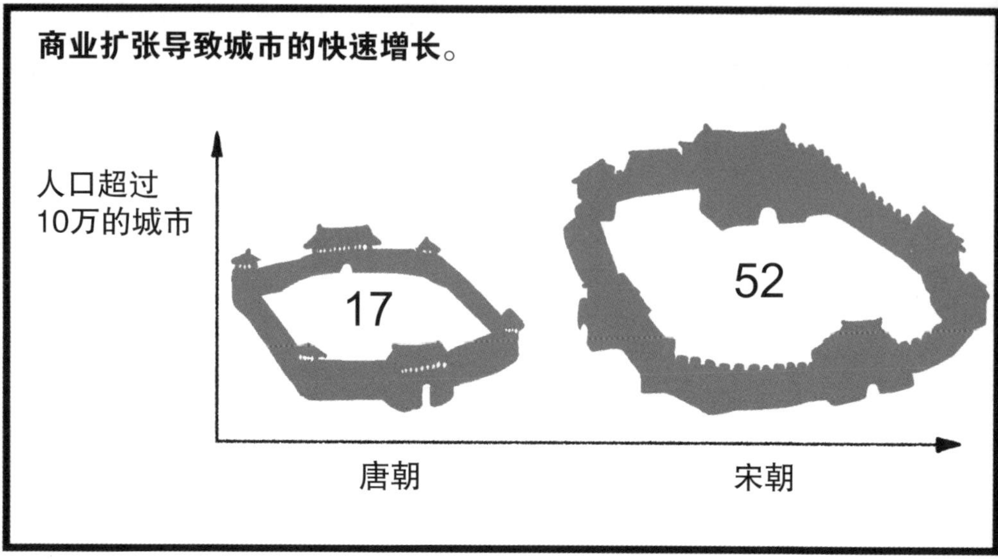
商业扩张导致城市的快速增长。
人口超过
10万的城市
17
52
唐朝
宋朝

全国各地的商家进城交易。极少数商人能通过关系快速致富，
大多数人从事小本经营。

一些统治精英看不起商人。
这些人买卖他人产品，只为赚钱，对社会有何贡献?!

为了保护自身利益，商人组织各种行会，跟政府交涉税收、执法和公共事务等事宜。

在大城市里，原先皇族独享的生活方式逐渐普及，平民也开始学习书法、绘画、诗歌、散文、歌剧、音乐和舞蹈。

大敌当前
当南宋都市和商业空前繁荣之际，
蒙古人又杀了回来。
此时距最初的宋蒙冲突已有20年。
这一次，蒙古更强大。

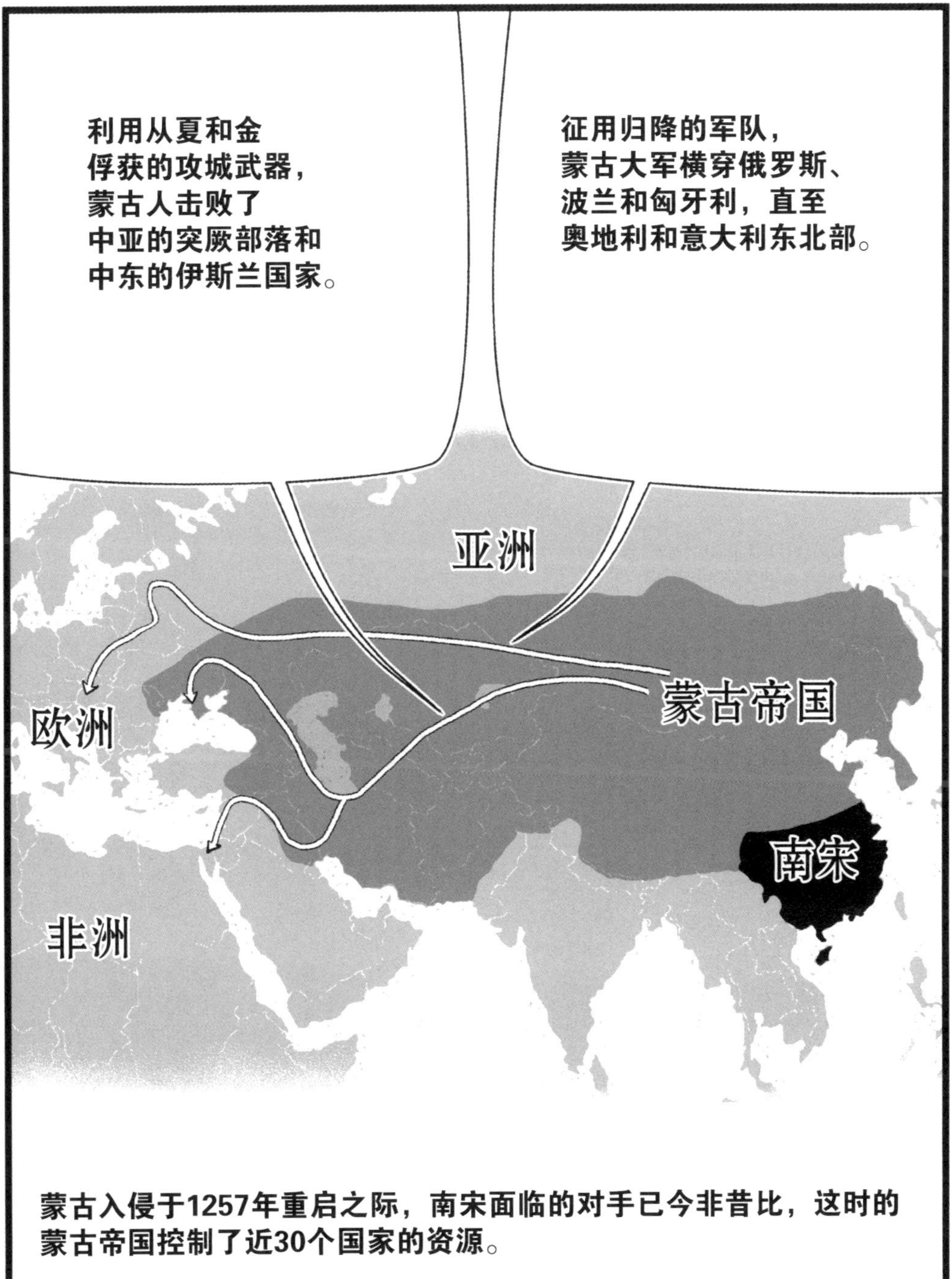
利用从夏和金
俘获的攻城武器，
蒙古人击败了
中亚的突厥部落和
中东的伊斯兰国家。
征用归降的军队，
蒙古大军横穿俄罗斯、
波兰和匈牙利，直至
奥地利和意大利东北部。
亚洲
欧洲
蒙古帝国
南宋
非洲
蒙古入侵于1257年重启之际，南宋面临的对手已今非昔比，这时的
蒙古帝国控制了近30个国家的资源。

小小钓鱼城

蒙古帝国大汗率部亲征，一路所向无敌，直到一座小山城 -- 钓鱼城（位于今重庆境内）。

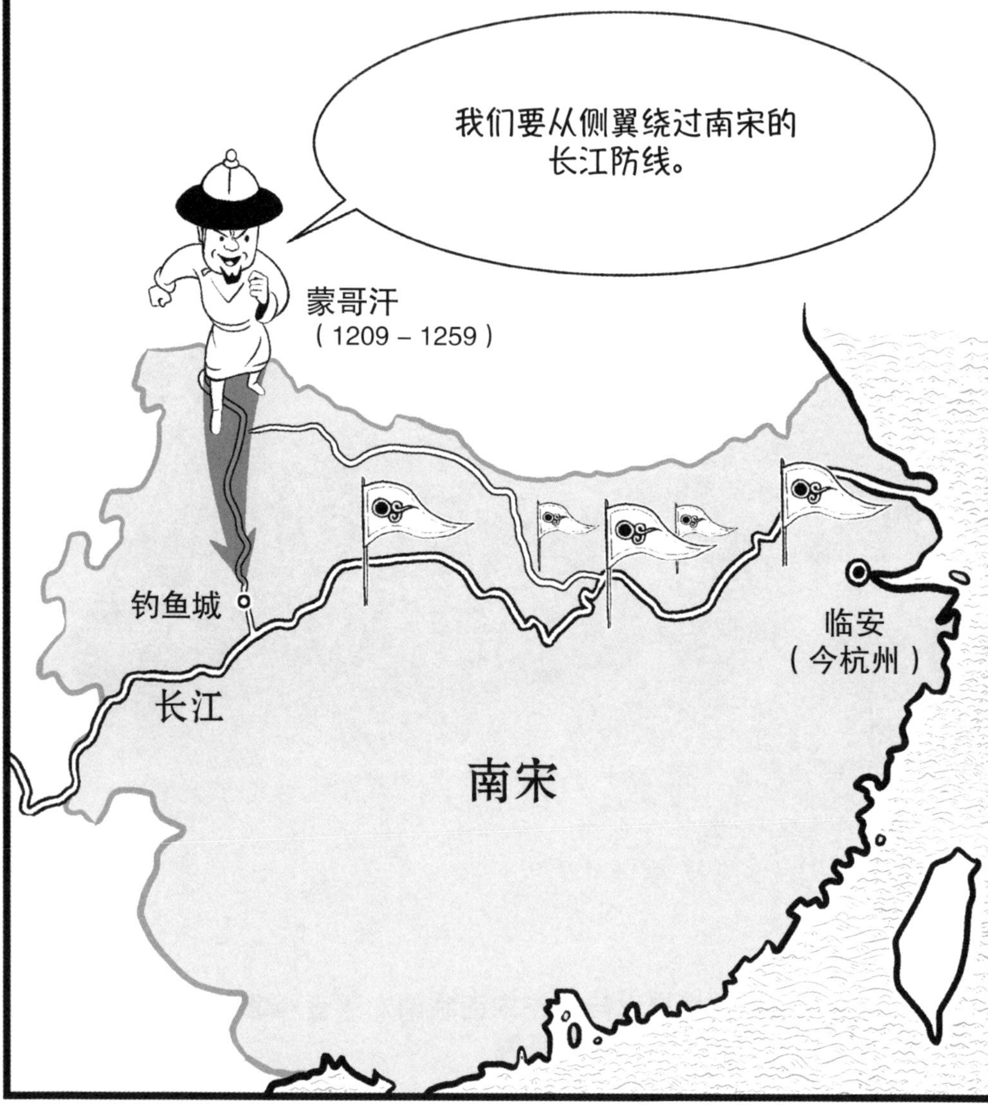

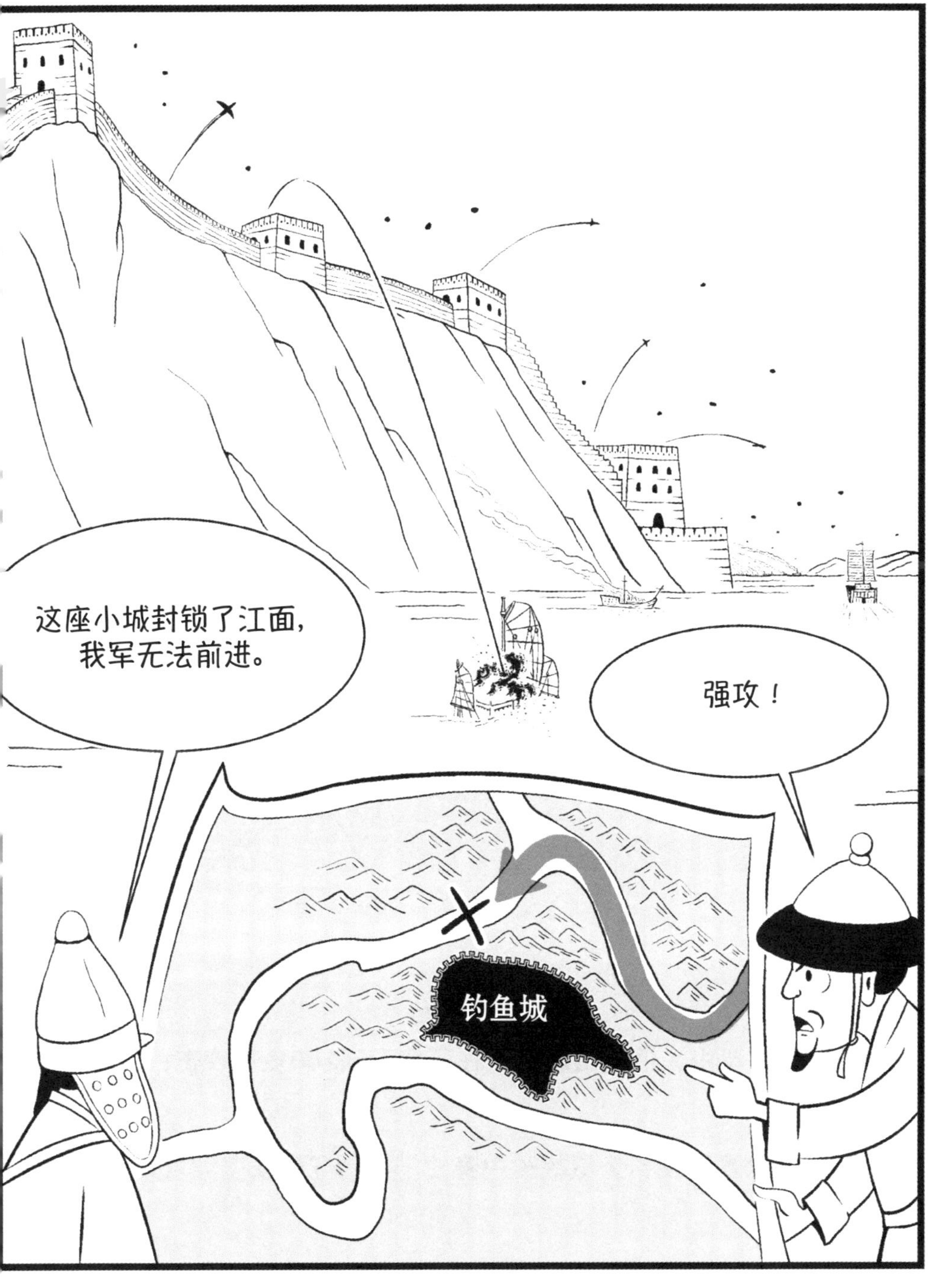

这座小城封锁了江面，
我军无法前进。
强攻！
钓鱼城

小小钓鱼城顶住了蒙古大军的首次进攻。

在随后的36年中，这座山城又顶住了接下来200多次攻击，
直到南宋结束。

1259年，蒙哥汗在钓鱼城战役中身亡。他的死引发了蒙古帝国的分裂！

蒙古帝国的分裂

蒙哥汗死后，他的弟弟要求所有蒙古将领停止远征，速回首都。

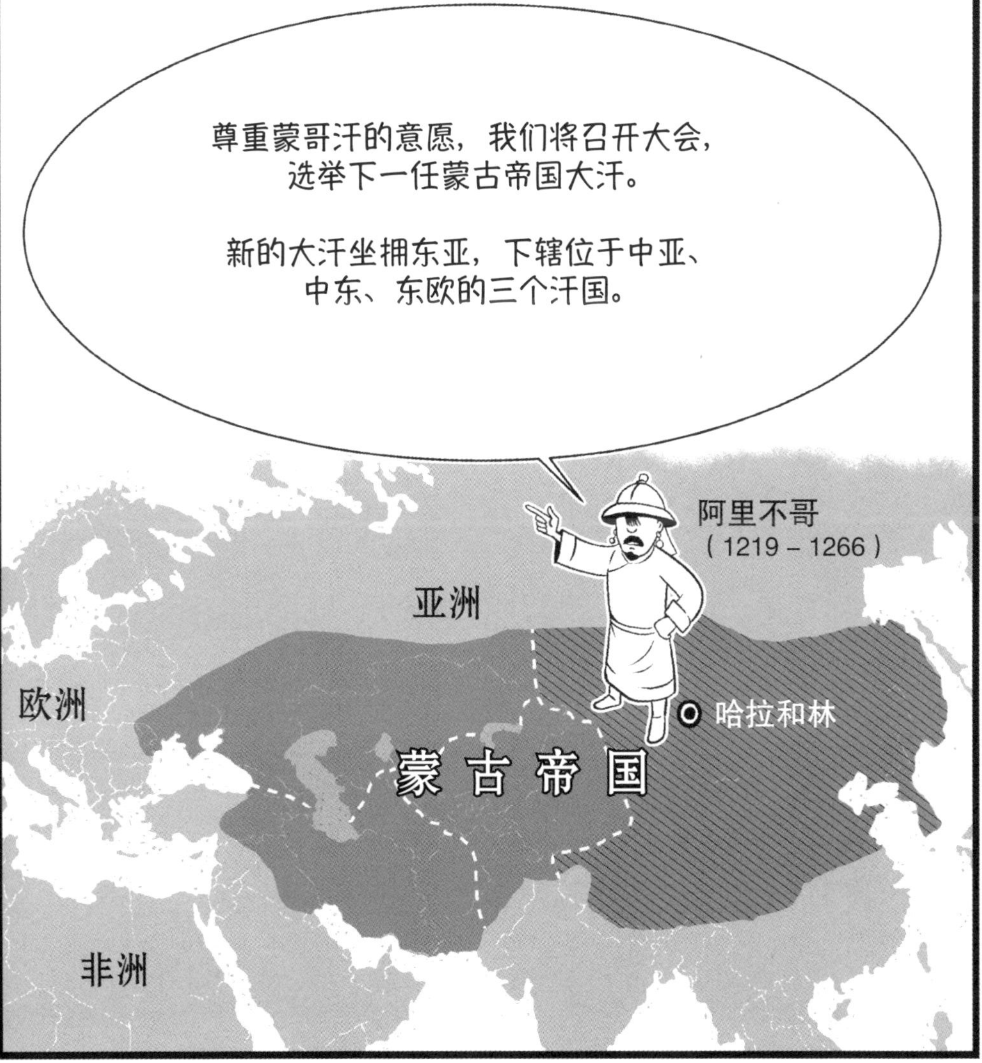

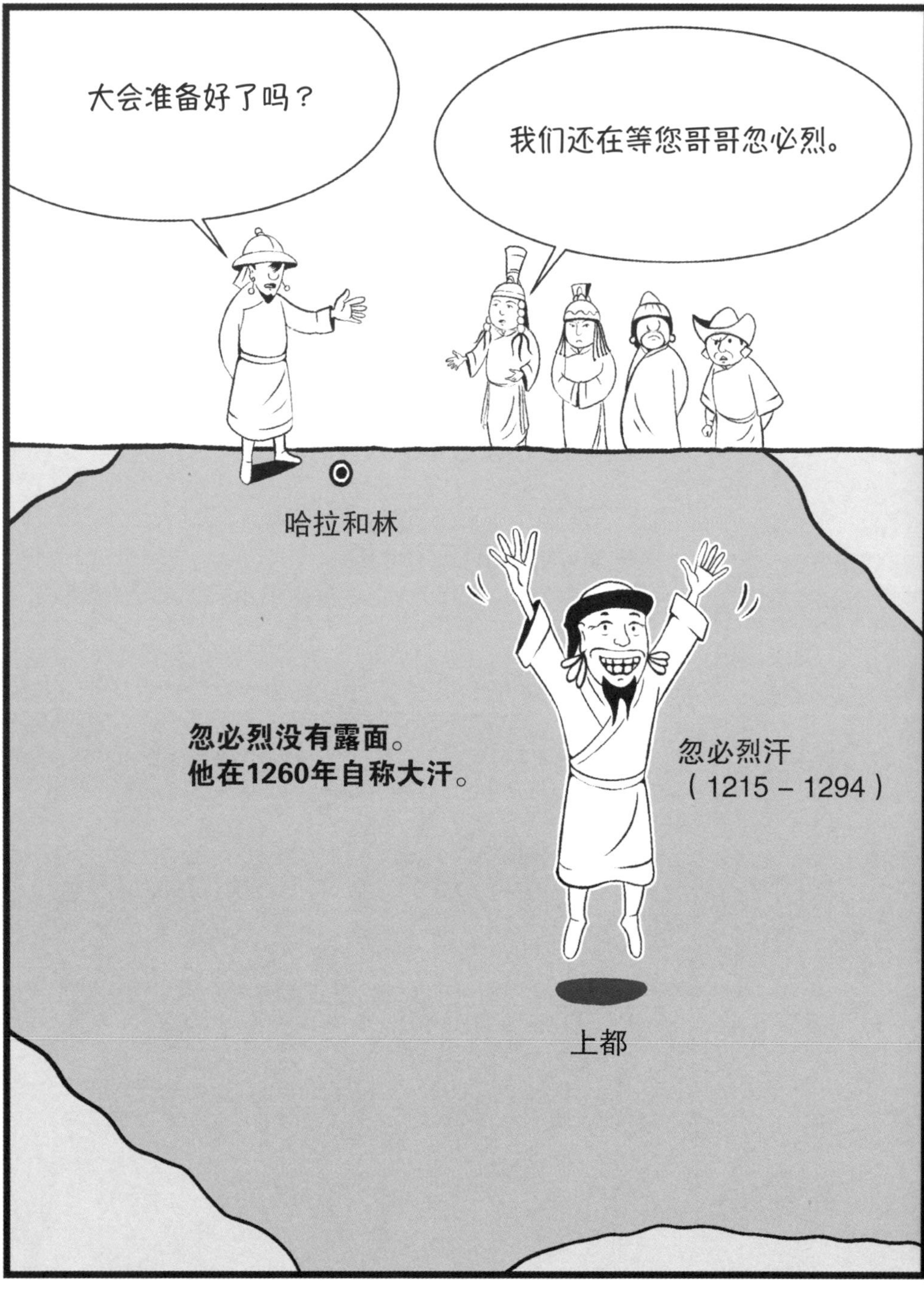
大会准备好了吗？
我们还在等您哥哥忽必烈。
哈拉和林
忽必烈没有露面。
他在1260年自称大汗。
忽必烈汗
（1215 – 1294）
上都

内战骤起，蒙古帝国分裂成四个独立的汗国。
金帐汗国
大汗汗国
察合台汗国
伊儿汗国
1270
其他蒙古汗国不断与我交战。
为立于不败之地，我必须征服南宋，
夺取其资源财富。

在准备入侵南宋的过程中，忽必烈汗为他的帝国起了一个中文名。

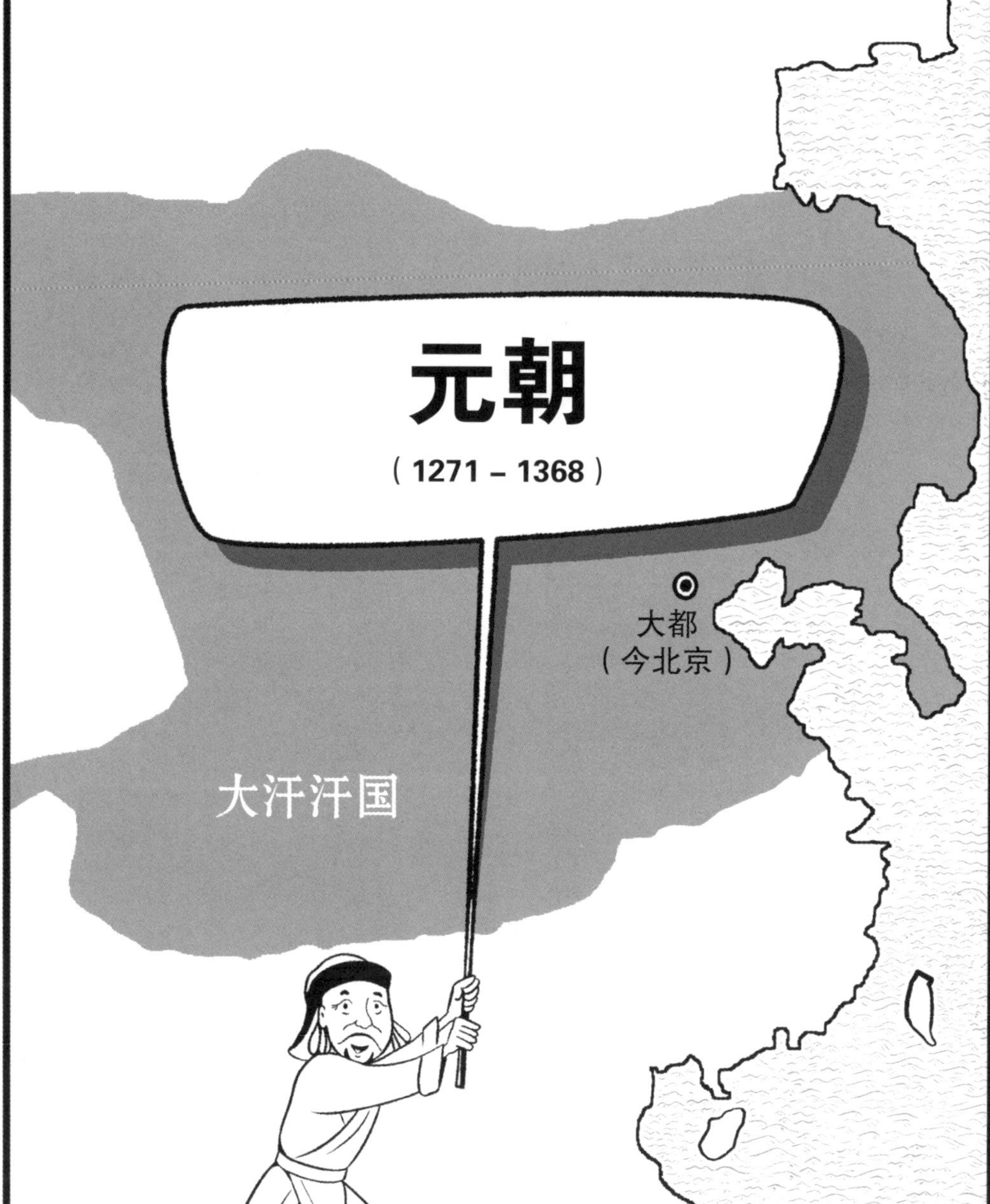

襄阳之战

忽必烈汗选择襄阳作为征服南宋的突破口。

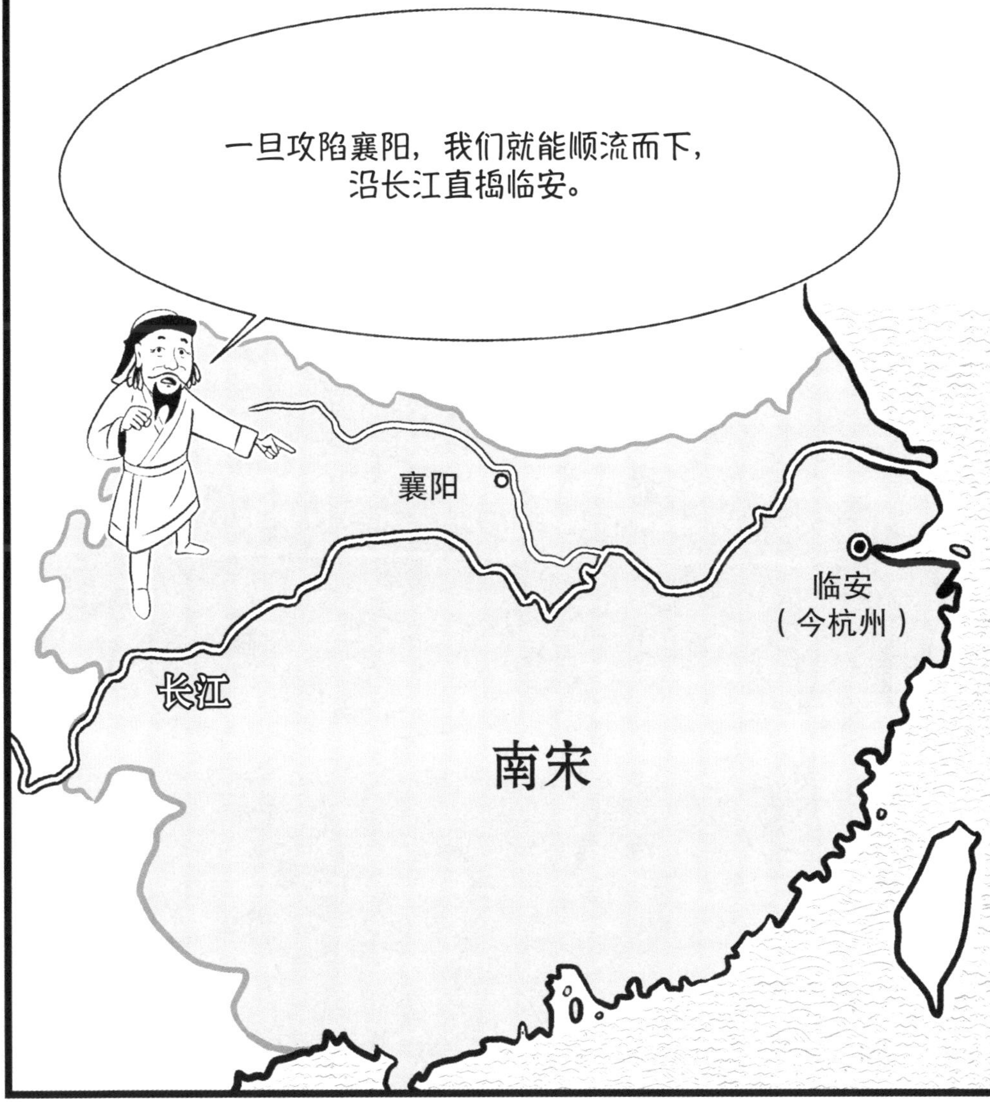

近100,000元朝军队包围襄阳，
宋朝8,000守军和200,000民众被困城中。
送信给朝廷，请求增援。

将城墙上的大炮从
16门增至98门。
每5个家庭结成一组，
协守治安，提防间谍。

在战斗中，我们每天需要10万支箭。
由于供应不足，我们要夜入敌营，收缴箭支。

有个问题！
周边民众进城避难时，
家犬数千走失城外。

狗见人一叫，
就会暴露我们。

竹笼陷阱怎么样？
这样，除箭之外，
你们还能带回吃的。

当襄阳之战进入第五个年头，南宋守军的物资供应越来越困难。
元朝已经切断了所有陆路通道。
现在，他们的海军要封锁我们的水上补给线。
那是什么？

那是忽必烈汗的秘密武器 — 配重投石机。
我听说蒙古远征时曾用过这种武器。我雇了中东工程师，来襄阳建造一批。

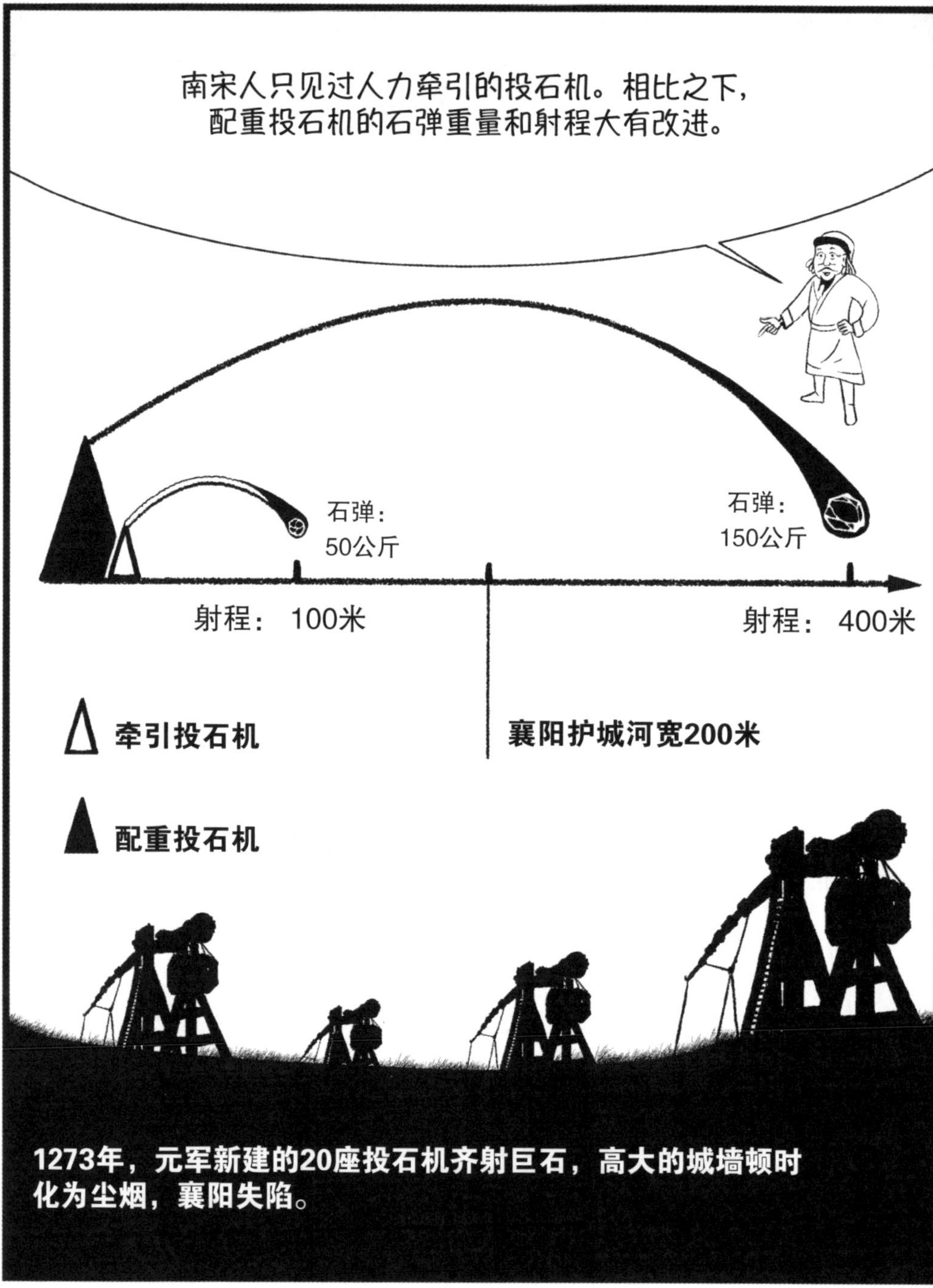
南宋人只见过人力牵引的投石机。相比之下，
配重投石机的石弹重量和射程大有改进。
石弹：
50公斤
石弹：
150公斤
射程： 100米
射程： 400米
牵引投石机
襄阳护城河宽200米
配重投石机
1273年，元军新建的20座投石机齐射巨石，高大的城墙顿时
化为尘烟，襄阳失陷。

1276年，元军包围宋都临安，擒获南宋皇帝。

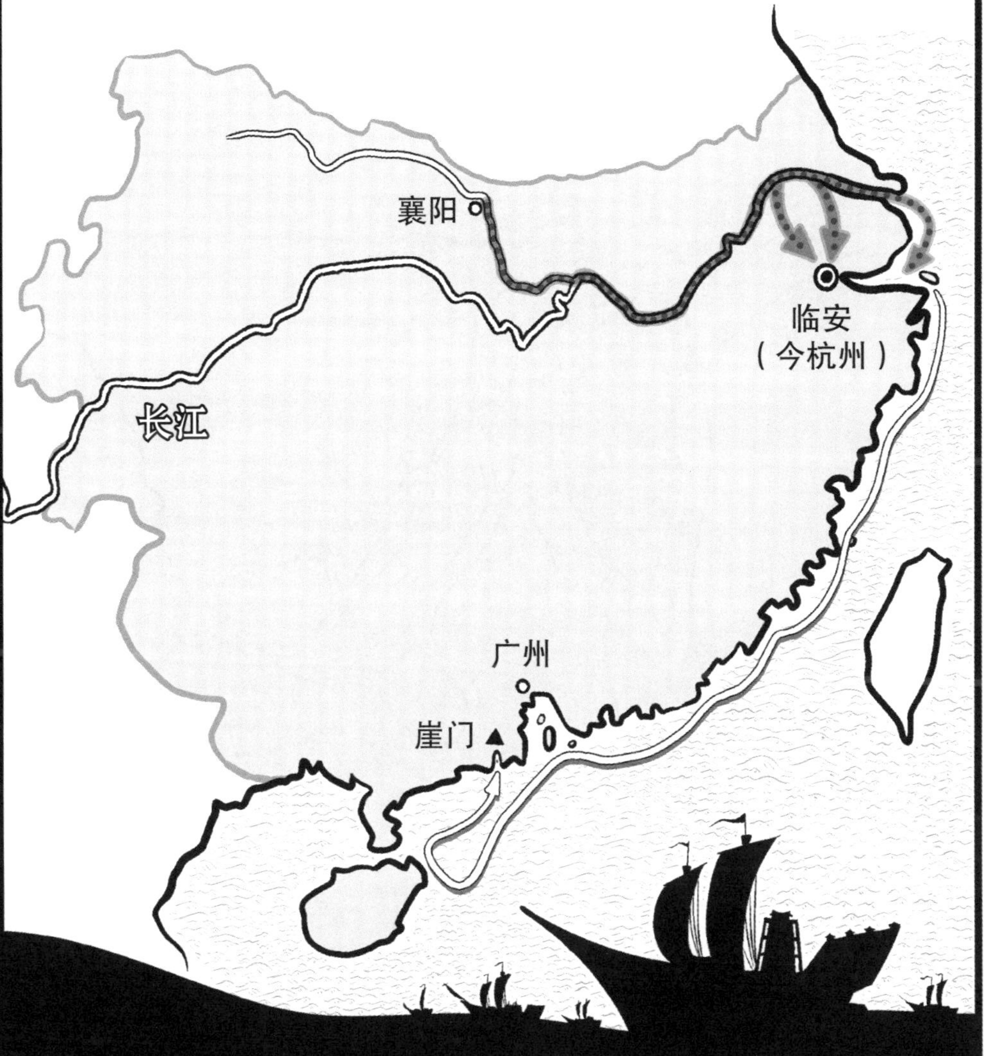

饶幸逃脱的南宋官员拥立年幼王子继任皇位，集结宋军残部，一路南撤。

最后的抵抗

1278 年，年仅9岁的小皇帝驾崩，8岁的赵昺继位。次年，元朝海军追至崖门。南宋舰船千艘及君臣民众二十万人被困。

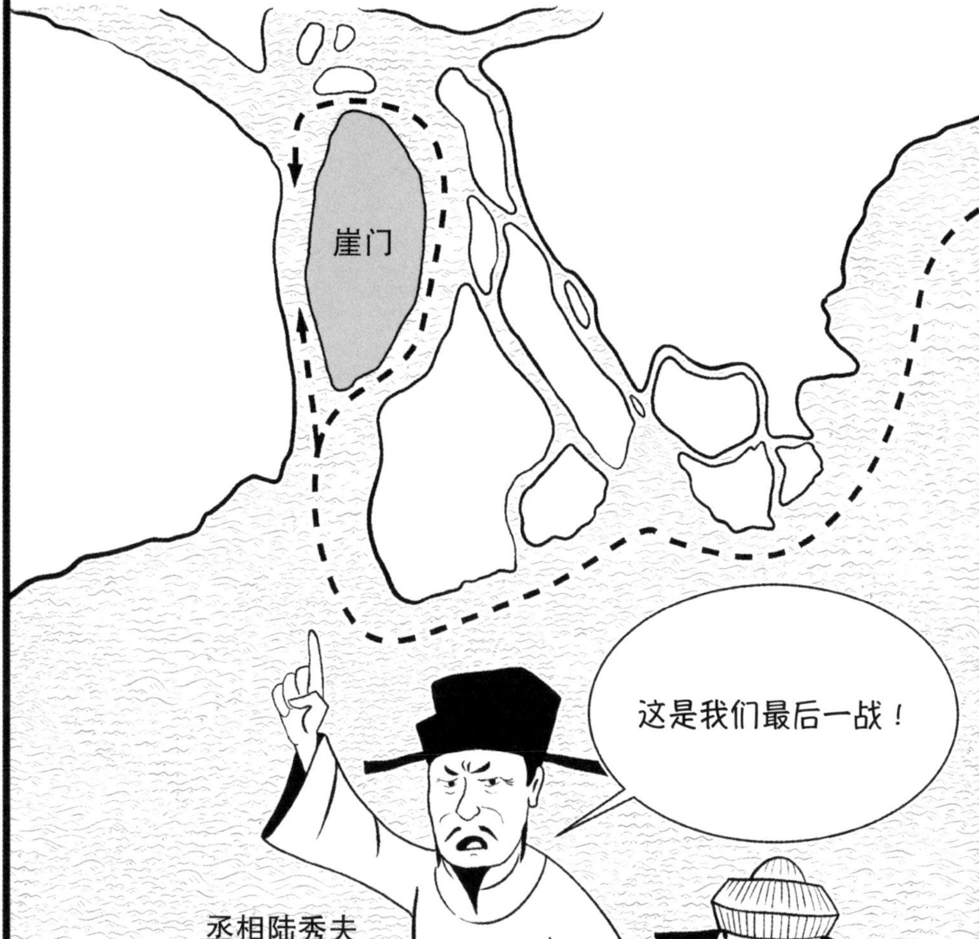

以皇帝龙舟为中心，
把舰船连成层层堡垒。

1279年3月19日，元军总攻。

绝望中，陆秀夫找到小皇帝。
国事至今一败涂地，
千万不能被俘，受他人凌辱。
陆秀夫将8岁的小皇帝和玉
玺系在身后……
……跳进大海，结束宋朝。

崖门海战中，南宋军民
10万人丧生。
蒙古入侵扰乱农耕，造成大面积饥荒。中国人口从1.4亿下降到6千万。

蒙古统治
忽必烈汗征服南宋后，在当地实施了军事化统治。
禁止私藏武器
禁止民间组织
禁止公众集会
禁止集体崇拜
禁止夜间娱乐
每家每户必须写下所有家庭成员的姓名，
并张贴在大门外，以备查验。

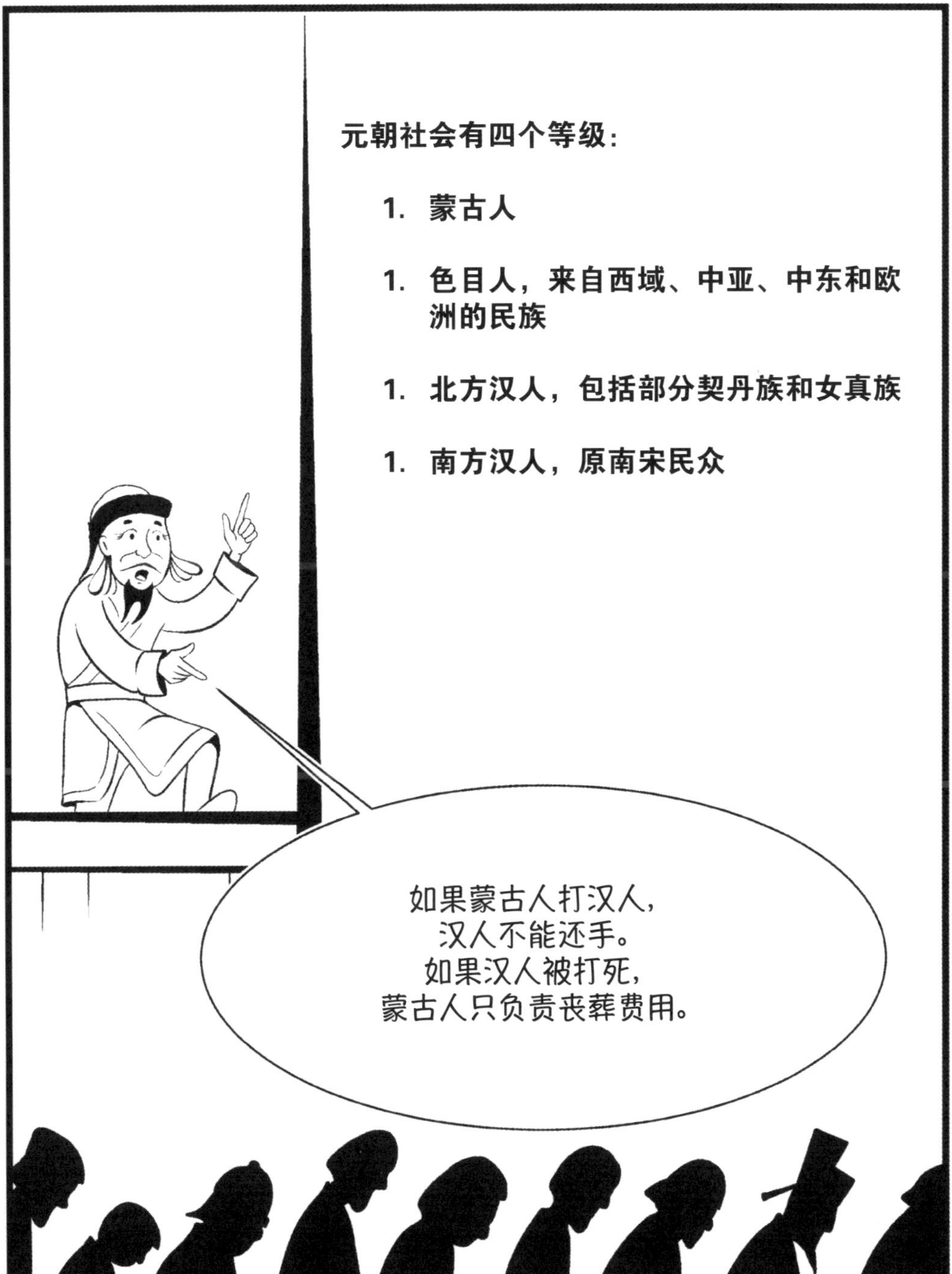
元朝社会有四个等级：
1. 蒙古人
1. 色目人，来自西域、中亚、中东和欧洲的民族
1. 北方汉人，包括部分契丹族和女真族
1. 南方汉人，原南宋民众
如果蒙古人打汉人，汉人不能还手。如果汉人被打死，蒙古人只负责丧葬费用。

忽必烈汗不需要科举考试来招收官员。
重要官职保留给蒙古贵族。
许多中国文人无法进入政坛，只得另谋生路。
他们成为医生、私人教师、作家、艺术家和算命先生，继续传承中国的文化传统。

元代戏曲家关汉卿（1241? — 1320?）是中国历史上最伟大的剧作家之一。他一生创作戏剧60多部，其中14部流传至今。
《窦娥冤》
《赵盼儿风月救风尘》
关汉卿在作品中映射了他对现实的不满。
我是个蒸不烂、煮不熟、捶不扁、炒不爆、响当当一粒铜豌豆……
……你便是落了我牙、歪了我嘴、瘸了我腿、折了我手，天赐与我这几般儿歹徒症候，尚兀自不肯休。

马可·波罗

出于对中国文人的警惕，忽必烈汗聘用来自中亚、中东和欧洲的外国人管理经济和税收。

马可·波罗
（1254 – 1324），
一个威尼斯商人

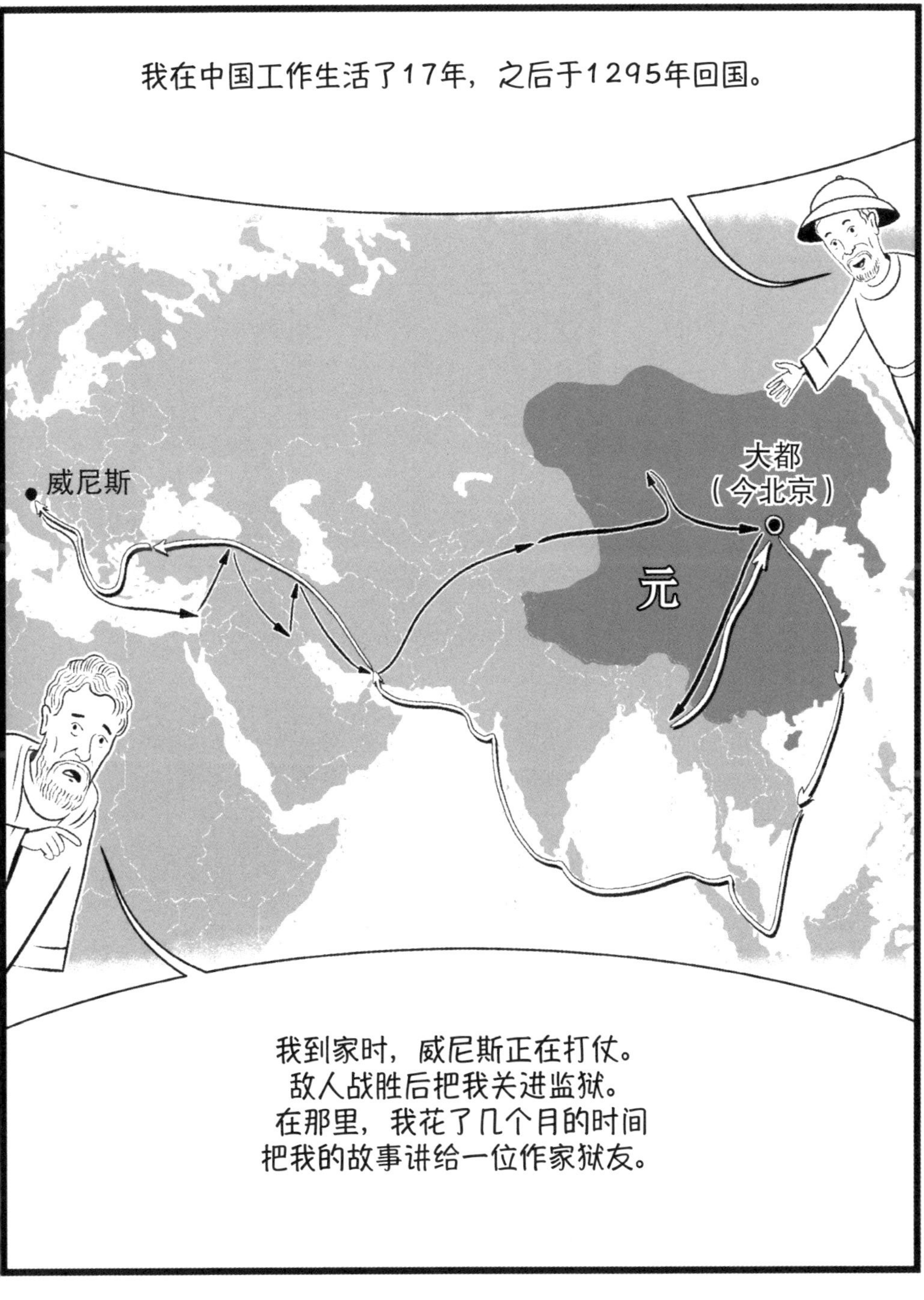
我在中国工作生活了17年，之后于1295年回国。
威尼斯
大都
（今北京）
元
我到家时，威尼斯正在打仗。
敌人战胜后把我关进监狱。
在那里，我花了几个月的时间
把我的故事讲给一位作家狱友。

马可·波罗的故事后来成为著名的《马可·波罗游记》。
本书分为四个部分：

* 前往中国的旅程
* 大元朝廷
* 中国的邻国
* 不同蒙古汗国之间的战争

这本书让欧洲人第一次了解到中国的政治状况和人们的日常生活。

游记的原稿丢失。后来传抄的版本出现许多笔误，加剧了人们对《马可·波罗游记》真实性的怀疑。一些人给这本书起了一个外号—上百万。

在马可·波罗的游记里，威尼斯人第一次读到有关日本的记录。
入侵日本
元
日本
大将军，
元朝皇帝来信。
北条时宗
（1251－1284），
日本的实权统治者

速遣使节来元朝参拜。
四海本为一家，
我会像对儿子一样对你。
没人想打仗。
忽必烈汗
日本没有回复。

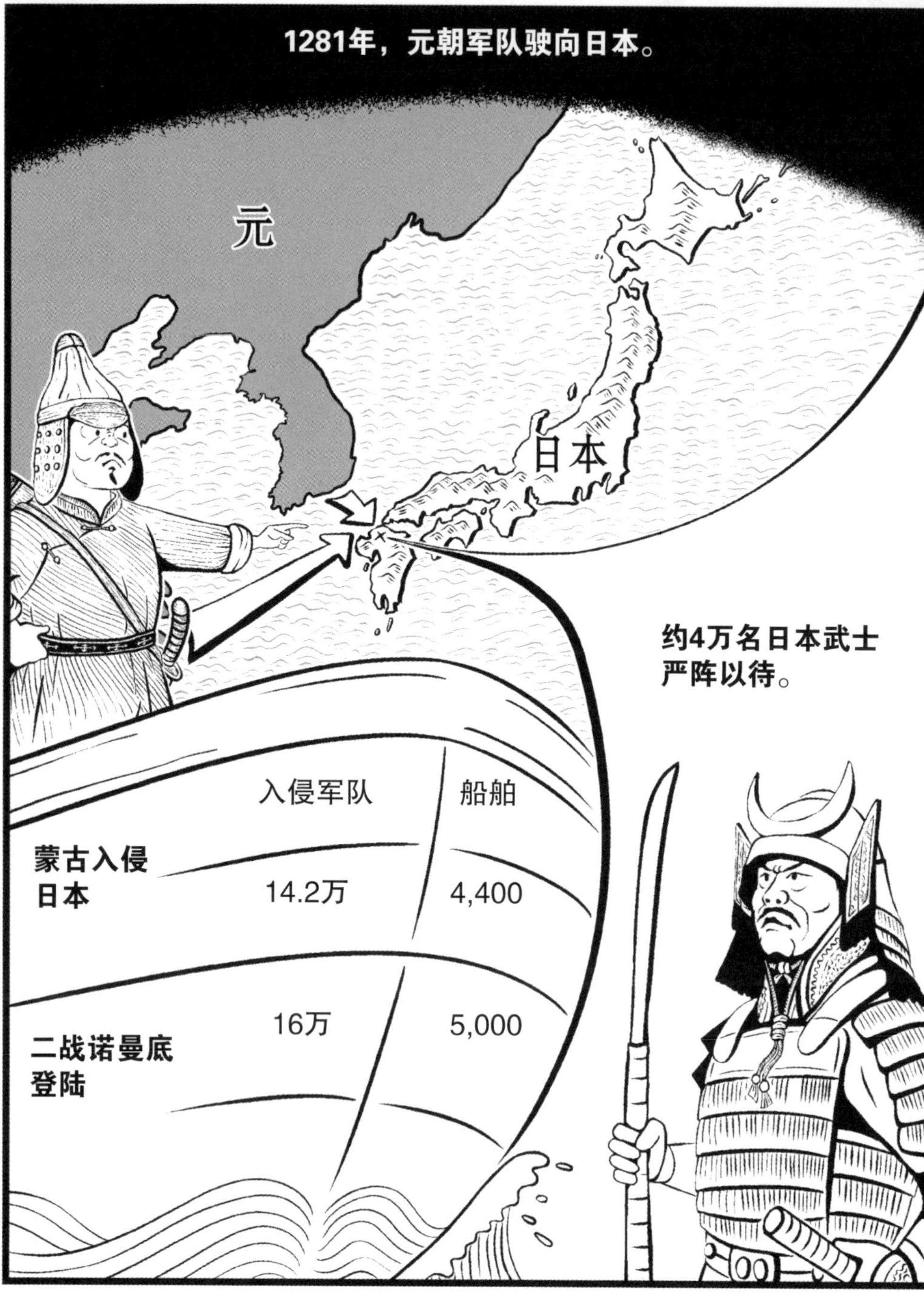
1281年，元朝军队驶向日本。
元
日本
约4万名日本武士
严阵以待。
入侵军队
船舶
蒙古入侵
日本
14.2万
4,400
二战诺曼底
登陆
16万
5,000

苦战2个月后，元军主力仍然无法上岸。

突然，台风来袭，近80%的元兵丧生。
后来这场台风被日本人尊称为“神风”。

加速衰落

元朝准备再次攻日，但忽必烈汗于1294年去世，
作战计划也因此而被搁置。
忽必烈汗给继任者们留下了一个困扰中国历代君王的古老问题。

朝廷和地方之间如何
划分权力才能防止分裂？

一个汉人的王朝往往集权于朝廷，下辖各级地方政府。

忽必烈汗遵照蒙古传统，与家人和朋友分享权力。

这种分权导致地方势力的崛起，威胁了元朝的稳定 。

忽必烈汗死后，地方派别围绕皇位继承权的争斗旋即展开，经久不息，元朝就此走向衰落。随后黑死病在蒙古金帐汗国爆发，切断了元朝和西部邻国的贸易。
元朝
1351年中国南方爆发叛乱。17年后，一支叛军攻占元大都，推翻了蒙古人的统治。

蒙古统治虽然结束，中华文明仍要继续付出沉重的代价。

元朝之后，区分华夏和蛮夷的世界观大大加强，盛唐拥抱外来文化以丰富自身的开放心态已成过去。

对外来事物的过分警觉拖累了中国的创新步伐。与此同时，像马可·波罗一样的探险家促进了欧洲对中国产品的需求，同时他们带回雕版印刷术、指南针和火药配方，加快了欧洲的技术进步。

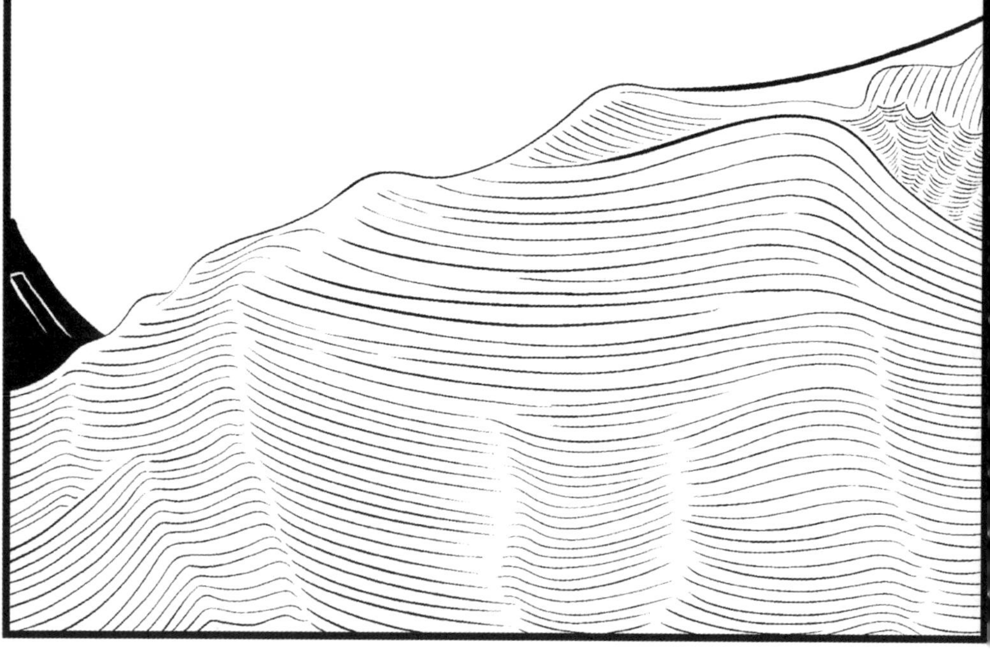

至19世纪，当中国与西方列强发生冲突时，这个文明古国突然发现自己无力带领人民摆脱困境。正如晚清政治家李鸿章所感叹，中国不得不面对“数千年未有之变局”。

Der freie Vogel fliegt
Die preisgekrönte Serie über das Erwachsenwerden in China endlich auf Deutsch!
Von den internationalen Stars
Jidi & Ageng
Leseprobe und weiterführende Informationen zu den sechs durchweg in Farbe gehaltenen großformatigen Bänden unter:
www.manhua.ch

HELDEN
DER ÖSTLICHEN ZHOU-ZEIT

Ins Deutsche übersetzt von Marc Hermann
Zweisprachige Ausgaben Chinesisch-Deutsch

Band 1: Wege zum Ruhm
ISBN: 9783905816662

Band 2: Wiedersehen in der Unterwelt
ISBN: 9783905816679

Band 3: Der Kranichkönig
ISBN: 9783905816686

Die Trilogie *Helden der Östlichen Zhou-Zeit*, ein großer Klassiker des taiwanesischen Comics und ausgezeichnet mit dem Sonderpreis der japanischen Mangaka-Vereinigung, ist ein Meilenstein im Werk von Chen Uen (1958-2017), der sich damit als erster taiwanesischer Comic-Autor auf dem japanischen Markt etabliert hat.

In seinem Werk erweckt Chen Uen die dramatischste Zeit der chinesischen Geschichte zu neuem Leben: Eine Zeit des politischen Chaos, aber auch der kulturellen Blüte. Vor dem Auge des Lesers nimmt diese Zeit in einer Reihe von packenden Porträts Gestalt an – Porträts von Attentätern und Kriegern, Strategen und Denkern, mächtigen Herrschern und betörenden Schönheiten.

DER ERSTE KAISER

Chen Uen begibt sich in dieser Comic-Biographie auf die Spuren von Qin Shihuang, dem ersten Kaiser und Reichseiniger von China, dessen Kindheit und Jugendjahre er bereits im ersten Band der Trilogie *Helden der Östlichen Zhou-Zeit* schilderte.

Im ersten Teil von „Der erste Kaiser" erzählt Chen Uen über die Beziehung und Freundschaft Ying Zhengs zum Staatsphilosophen Han Feizi. Im zweiten Teil trifft Ying Zheng bei seinen Eroberungsbestrebungen auf den starken Widerstand des Generals Li Mu des Staates Zhao. Li Mu wird zum wichtigsten Gegenspieler und Kontrahenten von Ying Zheng und seinen Ambitionen. Zwischen den beiden wird sich ein dramatischer Showdown entwickeln, von dessen Ausgang über die weitere Zukunft Chinas entschieden wird.

Ins Deutsche übersetzt von Marc Hermann
Zweisprachige Ausgaben Chinesisch-Deutsch
ISBN: 9783905816822

Der Autor Jing Liu entwirft in seiner historischen Comic-Reihe einen Überblick über 5000 Jahre der chinesischen Geschichte von den Anfängen der halb-legendären Shang-Dynastie (circa 3000 v. Chr.) bis zum Ende der Qing-Dynastie mit der Abdankung des letzten Kaisers (1912).

Jing Liu

Chinas Geschichte im Comic

China durch seine Geschichte verstehen - die internationale Erfolgsserie in 4 Bänden

Band 1 ISBN: 9783905816785
Band 2 ISBN: 9783905816792
Band 3 ISBN: 9783905816808
Band 4 ISBN: 978390581681

华瑞图书网
chinabooks.ch

Der blaue Stein ISBN: 9783905816839
Das Kino des Lebens ISBN: 9783905816853
Der Klang der Farben ISBN: 9783905816846
Die Sternennacht ISBN: 9783905816693

Weitere Infos und Bestellmöglichkeit unter www.manhua.ch

Sean Chuang 小莊

Meine 80er Jahre

Eine Jugend in Taiwan

Sean Chuang verarbeitet in dieser Graphic Novel Erinnerungen an seine Jugend im Taiwan der späten 70er und 80er Jahre.

Plastisch, eindrücklich und humorvoll fängt der Autor den Alltag und das Lebensgefühl einer ganzen Generation ein.

Er gewährt Einblicke in eine von spezifisch chinesischen Wert- und Familienvorstellungen geprägte Kultur, macht aber zugleich eine Jugend lebendig, die mit ihren Ängsten, Nöten und Glücksmomenten den Leser über alle Kulturgrenzen hinweg berührt und Erinnerungen an die eigene Kindheit wachruft.

Meine 80er Jahre -
Eine Jugend in Taiwan
Band 1
ISBN: 978-3-905816-59-4